名家写名人

大成智者

钱学森

朱自强◎主编

薛卫民◎著

中国和平出版社

China Peace Publishing House

图书在版编目（CIP）数据

大成智者钱学森 / 薛卫民著 . -- 北京 : 中国和平
出版社, 2021.7（2021.8重印）
（名家写名人 / 朱自强主编）
ISBN 978-7-5137-2037-3

Ⅰ.①大… Ⅱ.①薛… Ⅲ.①钱学森（1911-2009）
- 传记 - 青少年读物 Ⅳ.①K826.16-49

中国版本图书馆CIP数据核字(2021)第082621号

名家写名人 大成智者钱学森　　　　　朱自强◎主编　薛卫民◎著

策　　划	林　云	
责任编辑	张春杰	
设计制作	弯　弯	
封面绘画	王　光	
内文插图	张建鑫	
责任印务	魏国荣	
出版发行	中国和平出版社（北京市海淀区花园路甲 13 号院 7 号楼 10 层　100088）	
	www.hpbook.com　hpbook@hpbook.com	
出 版 人	林　云	
经　　销	全国各地书店	
印　　刷	凯德印刷（天津）有限公司	
开　　本	710mm×1000mm　1/16	
印　　张	9.5	
字　　数	83 千字	
印　　量	5001 ～ 15000 册	
版　　次	2021 年 7 月第 1 版　2021 年 8 月第 2 次印刷	
书　　号	ISBN 978-7-5137-2037-3	
定　　价	32.80 元	

作家给孩子们的阅读礼物

朱自强

在儿童的课外读物中，传记文学应该是一种十分重要的门类，具有特殊的重要价值。新的《语文课程标准》已经用较为宽阔的视野，看待提高语文能力的过程，建议小学阶段的语文课外阅读量不少于145万字。那么小学生（包括初中生）的语文课外阅读读什么？当然主要是阅读儿童文字，而传记文学正是儿童文学中特殊的、重要的一种文类。

进入给儿童的传记文学的传主一般需具备这样一些条件。他们在某个领域有相当的成就、贡献；他们的生命历程具有波澜曲折；他们应该具有富于魅力的个性和独到的见解。这样的传主经过具有人生经验和智慧，富于文学才华的作家立传，无疑会给儿童读者以积极的影响。利丽安·史密斯就说："阅读历史和传记能够矫正短视的人生观。当孩子意识到自己生活的时代，只是从人类在这个地球上诞生之始到未知的将来这一漫长旅途上的一小段路程，就会产生了解其他时代、其他国度的生活的愿望。这样的阅读给予孩子内省的观点，帮助孩子学会鉴别只有一时价值的事物，学会全面的思考方法。"可以说，与一般的小说阅读相比，传记文学对儿童的成长具有更大、更深刻、更直接的影响。

　　孩子们阅读传记，除了求知，更希望汲取伟人的经验，来开辟自己的人生道路，为自己设定高远的奋斗目标，一本优秀传记可以让儿童的阅读生活更加快乐；同时，一本传记改变一个人一生的事例也是屡见不鲜。

　　传记对于儿童的精神成长具有如此重要的价值，而目前书店书架上众多的传记作品，在文学性和儿童性这两个方面还存在着很多问题。传记是文学，给孩子们阅读的传记，则应该是优秀的儿童文学。艺术性、思想性、趣味性应该成为儿童版传记所不能或缺的要素。

　　由中国和平出版社出版的"名家写名人"传记文学丛书，是给孩子们的一份珍贵礼物。为了打造一套高质量、高品位的儿童传记文学丛书，同时也为儿童文学的一个重要文类积累优秀成果，我特别邀请了汤素兰、程玮、格日勒其木格·黑鹤、薛卫民、徐鲁、王一梅、李东华、薛涛、李学斌、鲁冰、周晴、张洁、董恒波、余雷、管家琪、爱薇、刘东、林彦、北董、侯颖、郝月梅、顾鹰等儿童文学知名作家为孩子们创作传记，还邀请了庄志霞、赵庆庆、周宛润等作家加盟创作队伍。可以毫不夸张地说，迄今为止，在国内儿童版的传记丛书中，这样强大的优秀儿童文学作家的阵容还从未出现过。这些作家的人生智慧和艺术才华，给这套传记丛书提供了优良的品质保证，也使目前传记文学的创作，实现了艺术质量的提升。

　　这是作家给孩子们的一份阅读大礼。希望这些书籍成为孩子们成长道路上的良师益友。

蓝天和大地的交谈

薛卫民

2009年11月6日上午，世界各国科学界，瞩目北京八宝山的一个告别仪式，倾听来自那里的哀乐声；成千上万的人从中国各地赶来，排着一眼望不到头的长队，为中华民族优秀的儿子、忠诚的共产主义战士、享誉海内外的杰出科学家、中国航天事业的奠基人钱学森送行。

蓝天俯瞰着千万双迷离的泪眼，大地托举着人们沉重的脚步和无尽的哀思……

金色的太阳和洁白的云朵，温馨地注视着一个高尚的人悄然离去，大江大河奔腾着，讲述着他光辉的一生——

他是名人，他还是妻子的好丈夫，儿女的好父亲；他是几十年身居高位的大官，还是大家的好朋友，年轻人的好兄长，下属的贴心人；他是功勋卓著的科学大师，一生都在做大事，都在为祖国的强大、昌盛、富强而努力奋斗，可就连普通百姓，也能毫无障碍地走近他，因为他又是那样的幽默、风趣，那样的谦虚、低调，那样的平易近人、和蔼可亲。

他出身名门世家，受过中、西方最好的教育；他见证历史的风云，做过载入史册的大事，却从不自矜骄人，从不高高在上；相反，他有着强烈的平民意识、人文情怀和博大的关爱。他把自己的稿费拿出来给贫困的大学生买学习用具。他两次把多达两百万港币的奖金奉献给国家建设。而他并非家财万贯，回国之后几十年一直都是每月331.16元的工资。他关注大西北万千百姓的疾苦，多年致力于中国浩瀚沙漠的改造和利用，促进辽阔草场的优化和增值，中国教育的改革，中国各方面人才的培养……

他年纪轻轻便成了美国著名大学的终身教授，美国政府和大学给予他极其优厚的待遇，他本来可以一生无虞地安享许多人梦寐以求的锦衣玉食，可在祖国最需要他的时候，他却毅然放弃那一切，历经五年的千折百转，冲破重重阻挠回到祖国，为的是让祖国强大、"使我的同胞过上有尊严的幸福生活"！

他在海外吃了30年的洋面包，沐浴了30年的欧风美雨，却毫无任何"海归派"的架子和优越感，更不拿来作秀；他以自己是中国人而自豪，由衷地热爱自己的母语，即便是在刚刚离开多年的英语环境、刚刚回国时，他给学子们上课、在大学和科学院发表演讲，也从始至终都不夹带半个英语词汇；需要他讲英语的时候，他可以说一口流畅的英语；不需要他讲英语的时候，他只讲自己伟大的母语——汉语！为此，刚回国时他给自己增加了一个新的学习内容：虚心地向大家请教时隔20年他已经有些生疏的某些中文词汇，都有哪些本义、引申义，怎么用……

他是大科学家，却真诚地向每个拥有一技之长的人学习，认真倾听来自底层的意见和建议；对方说得不对、表达有错，他绝不奚落、嘲笑；说得对、讲得有建设性，他带头拍手赞赏、当众表扬。他是学术权威，却从来不当"学术皇帝"。他一向反对人们称他为"导弹之父"，总是自谦地说："导弹、氢弹、卫星，一切的研究、设计、制造和实验，是几千名科学技术专家通力合作的成果，我只是沧海一粟！"

他是大科学家，却一生都有着海纳百川的博大胸怀，永远都在津津汲取、吸纳，恪守真理面前人人平等的理念。当一个小青年指出他论著中的一个小疏漏时，他不仅接受，还欣然专门复信表达他诚挚的谢意，并建议对方将其写成文章，由他亲自推荐给学术杂志发表出去，告之众人。

他是大科学家，终身致力于自然科学的研究、实践、应用，却一点儿也不"书呆子"气，他对文学、音乐、绘画等不仅有着深厚、持久的兴趣和喜好，而且还有着非同一般的见地和造诣。在他众多的著作中，有一部就是谈他倡导人应当全面发展的，书名就是《科学的艺术与艺术的科学》。

他是大科学家，却只有大科学家卓尔不群的英姿和睿智，而毫无通常人们所说的"科学怪人"的任何怪癖和特性；年轻时他是一个俊逸潇洒的小伙子，晚年他是一个温存敦厚的长者；在九十八年的人生历程中，他的生活充满了乐趣、情调和诗意；他总是满腔热情地拥抱生活，时常忙里偷闲亲自下厨，给家人和朋友们烧菜，喜欢与各个阶层、各种职业的人们交谈相处。

蓝天和大地见证了人类所有的伟大、高尚、成功，当然也见证了钱学森自幼年起近一个世纪的茁壮成长、丰功伟业。在目送钱学森完成了自己光辉一生，然后悄然离去之时，蓝天和大地告诉世人：

钱学森是先把人做好了，他首先使自己成为一个大写的"人"。这样的人，无论他属于哪个民族，都是那个民族的自豪和骄傲。中华民族因为拥有钱学森这样的优秀儿子，而备感骄傲和自豪！

目录

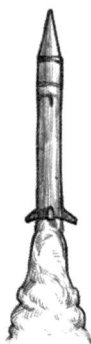

1

第一章
新纪元带来的礼物

　　您长达九页的来信收到了，非常感谢！您的意见给我很大启发：中国的知识分子在长达几千年连续文明中形成的、举世无双的优秀品质，万万不能丢！这是中华民族的骄傲，是全世界的楷模！

　　——钱学森书信《1984年12月17日致胡传机》

　　秋天的杭州，满城的绿柳照样浓浓地绿，灿烂的红花还是炽烈地红，却不再有盛夏的潮湿和闷热。摇曳的乔木灌木、芳草鲜花，送来令人神清气爽的清风……

　　1902年初秋的一个大清早，从这座江南名城的一条古老、幽深的巷子里，走出一位20出头的年轻人。他肩上背着行囊，手里提着箱子，背后的行李边还缚着一把油纸伞。

　　年轻人是钱家的儿子。钱家是杭州城里的名门望族。他名家治，字均夫，钱均夫。他的父亲既是经营丝绸生意的商人，又是有名的儒雅之士，饱读诗书，开通放达。

　　钱均夫已经考取了秀才，但他却摈弃了科举之路。他对"大清王朝"彻底失望了。自1840年鸦片战争以来，清王朝日复一日地腐朽衰败，面对世界列强的不断寻衅、侵略、欺凌，只会奴颜婢膝、割地赔款；中国大量的白银，从清王朝的手中哗哗地流进列强的腰包，仅在1894年爆发的甲午战争中，清政府就在日本强盗的勒索中战战兢兢地捧出白银2亿3000万两，作为所谓的"战争赔款"。这笔白银在当时折合美元10亿之巨，按日本1896年的财政收入计算，相当于日本4年零2个月的财政总收入！

　　阅读了大量世界各国发展状况的书籍，考察了大量国内外现实之后，钱均夫不得不痛苦地承认了一个现实：清王朝统治下的中国在世界民族之林中，已是大大地落后了。中国要想图强，必须跟上世界发展的脚步，向强国学习，包括向那些侵略、凌辱中国的敌对强国学习！他要将自己的个人奋斗，融入民族振兴的大业之中，寻一条救国之路。

走着走着，钱均夫来到了"求是书院"的大门口。

这是给他最早新式启蒙，也给了他全新教育、全新知识的地方。作为从这所著名书院里走出的品学兼优的学生，他对这里有着非同一般的感情和深深的眷恋。是这里先进的教育、杰出的老师，为他和许多青年打开了瞭望世界、放眼未来的窗子。他想起自己的老师陈仲恕先生，想起老师的弟弟陈叔通先生。陈叔通是杭州第一所女子学校和著名的私立安定中学的发起人之一，又是杭州《白话报》的创始人。钱均夫从他办的《白话报》中，得到了很多开一代风气之先的教益和启迪。

陈叔通老师不但有着极为深厚的国学功底，还是中国最早出外留洋的知识分子之一。他先后考中举人、进士，官授翰林院编修；可在1904年，他却富于远见地东渡日本留学，进入日本的法政大学学习，希望能从日本"明治维新"的经验中得到借鉴，以寻求救国的良策。钱均夫进入求是书院读书后，因为老师陈仲恕，钱均夫得以接触陈叔通。陈仲恕、陈叔通兄弟的品格、修养、学识，他们忧国忧民、心系天下的胸怀和抱负，深深地感染和影响了这位有志青年。

即将东渡日本的钱均夫还想不到，陈仲恕老师的弟弟陈叔通，日后会成为著名的政治活动家，成为倾心拥护共产党主张的著名爱国民主人士，成为在中华人民共和国开国大典上与毛泽东并肩站在一起的重要人物。中华人民共和国建立后，陈叔通历任中央人民政府委员、全国人大常委会副委员长、政协全国委员会副主席等重要职务。

钱均夫已经瞩望母校"求是学院"许久了。他的思维从往事回到现实。

他没有忘记，今天他不是专门来看望母校、缅怀师长的。他刚刚起步，他还有很远、很长的路要走。

青年钱均夫向自己的母校深深地鞠了一躬，然后重新肩起行囊上路。

他要先去上海。在那里，还有几位和他一样心怀远大抱负的青年人在等他。

1902年秋，上海码头。

伴着呜呜的汽笛声，轮船缓缓地驶离码头，拖着长长的、大辫子一样的浓烟，拨正船头向东驶去。

这艘轮船此行的目的地是日本。

钱均夫和另外3个与他同行的青年，都在这艘轮船上。4个青年以年龄大小排列，他们分别是：陈衡恪、经亨颐、钱均夫、许寿裳。

"蒋方震最近有消息吗？"许寿裳问钱均夫。

蒋方震，字百里。一提到蒋百里，钱均夫很兴奋，马上说："有！"

钱均夫、蒋百里、许寿裳都是求是书院的学生。而钱均夫和蒋百里除了是同学之外，还是同乡、挚友。蒋百里一年前便率先去了日本，在两位开明绅士的资助下，这位血气方刚的青年考取了日本陆军士官学校。

"快说说，他在日本怎么样？"

"他在日本很好！一次军事考核，他获步兵科超等第一名！气得那些日本士官七窍生烟，却又无可奈何！考试、比武，经常是蒋百里第一、蔡锷第二、张孝准第三，他们被人们并称为'中国士官三杰'！他还办杂志、写文章……"

"太好了！真给我们中国人争气！"许寿裳高兴得一劲儿拍打钱均夫，"我不相信'中国无望论'，像蒋百里一样的青年还会层出不穷！"

"说得对！越来越多的青年开始觉醒、行动，把个人理想与民族命运连到一起。就说陈衡恪吧，祖上世代为官，他居然也能摈弃科举，走上图新救国之路！"

上海码头渐渐地远去，淡出了钱均夫的视野……

中国的海岸线，也终于在钱均夫依依不舍的注视中，融入了海天一色的苍茫……

到了日本之后，4个人同时迈进弘文书院。他们首要的任务是在那里完善自己的交流工具、学习工具——日语。

他们课上学、课下学，就是回到了宿舍，也捧着一本日文书籍，或看或诵。

"这日文一连成串儿、疙疙瘩瘩，到处夹着我们的汉字！干吗犹抱琵琶半遮面？它就干脆用我们汉语得了！"陈衡恪把手里的日文书往蒲草垫子上一摔。

正说着，来客人了。是许寿裳带来的。来人寸头，头发根根立，个子不高却很有一股飒飒的精、气、神。许寿裳一侧身："来，我给大家介绍一下——"他把那个小个子年轻人推到大家面前，"这位是豫才兄，周树人，字豫才。"

小个子年轻人与伸向他的每一双手热情相握，一边握手一边叫出每个人的名字："钱均夫！经亨颐！陈衡恪！"

这位周树人就是后来成为中国现代史上著名作家、中国新文化运动伟大旗手的鲁迅。

鲁迅之外，钱均夫、陈衡恪、经亨颐、许寿裳、蒋百里，无一不是那一代中国知识分子中的楷模和佼佼者。

蒋百里1905年毕业于日本陆军士官学校步兵科，后来又到西方的多个国家游历、考察，悉心钻研军事强国的学问，

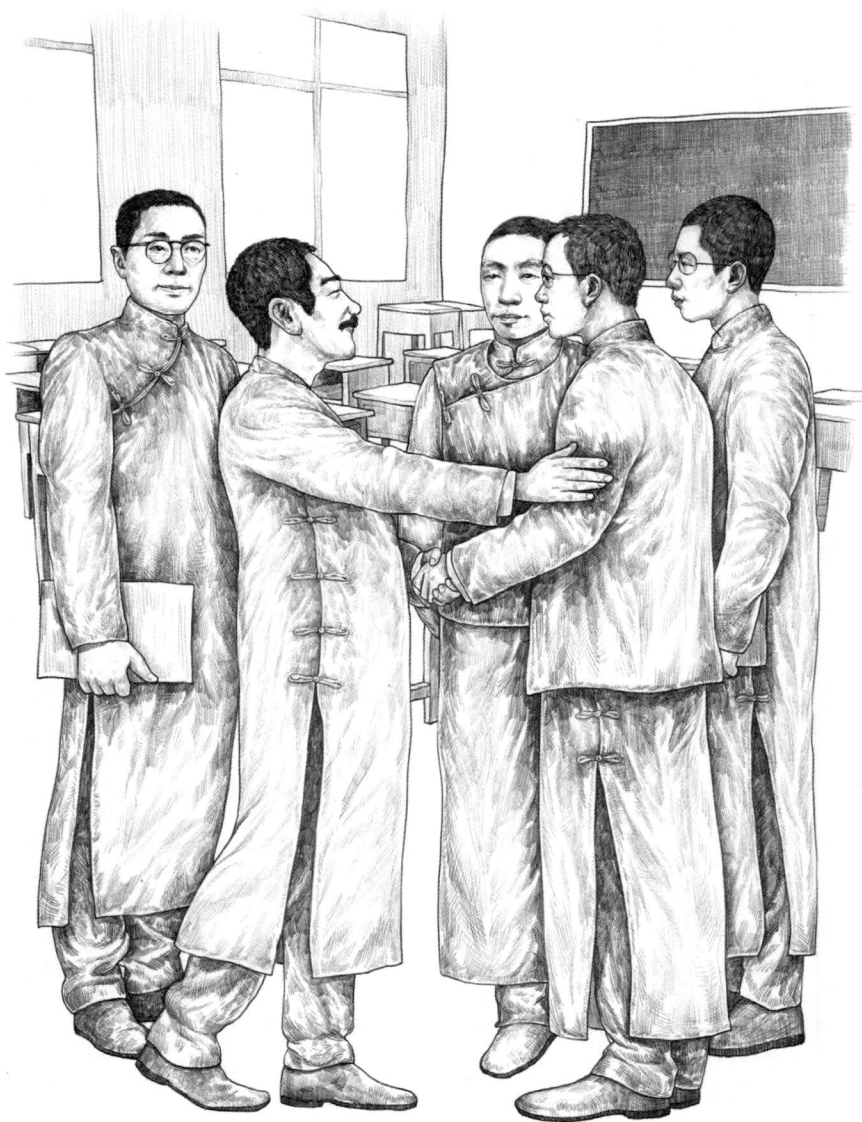

成为中国近代著名的军事理论家，曾任著名的保定陆军军官学校校长。蒋百里是将近代西方先进军事理论系统介绍到中国的第一人，被誉为中国"现代兵学之父"。

陈衡恪后来成为蜚声海内外的著名画家，中国画坛的许多大师级人物，如王雪涛、李苦禅、刘开渠，都是他的弟子。他多次为鲁迅的作品做封面、画插图，深受鲁迅的赞赏。他的弟弟陈寅恪，就是后来任教于北京大学、被中国知识界奉为大师的陈寅恪。

经亨颐、钱均夫、许寿裳，日后都成为著名教育家，并且拥护孙中山先生的主张，积极投身于推翻清朝统治的革命事业。

自从初到东京有了那次会面之后，周树人（鲁迅）、钱均夫、陈衡恪、经亨颐、许寿裳，这5个负笈海外、留学日本的中国有志青年，便开始了共同的留学生活，彼此结下了深厚的友谊。

而钱均夫与鲁迅，更是在年深日久的互相学习、互相欣赏中，结成亲密的挚友。回国之后，鲁迅与钱均夫先后同在中国最早的六大著名师范学校之一的浙江两级师范学堂供职，鲁迅是那里的化学、生理卫生教员，钱均夫是那里的史地主任教员；其后，鲁迅又和钱均夫一同在政府的教育部工作多年。钱均夫爱戴鲁迅，鲁迅敬佩钱均夫，在鲁迅的日记里，有好多处记载他与钱均夫的亲密交往，如：

> 1914年1月22日，张阆声、钱均夫到部来看。
> 1915年3月13日，午后同齐寿山、与钱均夫至益昌饭，又游小市。
> 1916年4月21日，钱均夫来。
> 1917年7月2日，钱均夫代买江苏碑拓十八枚，直九元。
> 1918年1月23日，微雪……年后寄季市《新青年》一册，赠通俗图书馆、齐寿山、钱均夫各一册。

1908年春，钱均夫从日本高等师范学校史地科毕业后，又用近半年的时间，亲自到日本各地考察当地的教育，而后回国。

1911年10月10日，旨在推翻清王朝统治的辛亥革命在武昌爆发。12月29日，孙中山当选为中华民国临时大总统，1912年元旦，孙中山在南京正式宣誓就职，宣告中国从此结束了长达两千多年的封建帝制，中华民族迈入了又一个新纪元！

辛亥革命爆发不久，立志教育救国的钱均夫在上海创办了"劝学堂"。

新纪元带给钱家的重大礼物是：钱家的族谱又添了一个健康的男婴。

1911 年 12 月 11 日，钱均夫的儿子钱学森，在上海出生。

第二章
幸运树

为什么报考少年班的有3500名，录取的是179人，约5％？这5％是天才吗？还是家庭环境造成的？我的倾向是后者不是前者。这就要认真处理，在社会上宣传，这也是文化建设。

——钱学森书信《1995年2月17日致于景元、钱学敏》

钱学森这封信中提到的"少年班"，即中国科技大学少年班。

中国科技大学1958年9月20日创建于北京，1970年搬迁至安徽省合肥，是我国为实施"两弹一星"战略而专门设立的一所新型理工类大学。它源于钱学森倡建"星际宇航学院"的构想,由功勋科学家们直接任教,多年来为我国"两弹一星"和探月等重大国家战略工程输送了大批科技人才。

1978年3月9日,为不拘一格选人才,及时让那些在智力上有超常表现的少年受到最好的教育,中国科技大学破格录取了20名少年。那20名少年中,最大的16岁,最小的只有11岁。就是由他们,组成了中国科技大学有史以来的第一个"少年班"。从此,中国科技大学的"少年班"一直延续至今。

钱学森如此重视"少年班",如此重视进入"少年班"的少年以及他们养成的关键因素,实际是他从这个现象入手,向全社会提出了一个有关教育上的大课题:儿童的早期教育。

如何看待儿童的早期教育?儿童早期教育的关键因素是什么?

儿童入学之后的教育,主要依靠学校,学校是社会的组成部分,因此儿童正式进入学校接受教育之后,其效果如何,更重要的取决于社会环境;而儿童入学之前的教育,主要依赖家庭。钱学森先生认为,能够以5%的比例考取"少年班"的那些孩子,并非什么"天才",而主要是"家庭环境造成的"。

父母是孩子人生中的第一个老师——这句带有格言性质的话，人们早已耳熟能详。可是，并不是每个做父母的都认真思索过它；能从自身做起、身体力行地实践"第一个老师"的人，更不多见。

幼时的钱学森，不但有一个身为职业教育家的父亲，还有一位与父亲珠联璧合、琴瑟互映的母亲。

钱学森的母亲章兰娟，是一位典型的名门之女、大家闺秀。她热情开朗、宽爱善良，不仅像所有好妻子、好母亲一样温柔贤惠，更有那个时代的妇女难以表现出的聪明颖慧、开明远见。出身名门、大家闺秀的她有那个年代女人都引以为豪的"女红"技艺，针织、刺绣、剪花、浆染……无一不精，可她并没有把最大的热情投放在花鸟鱼虫的刺绣上、金丝银线的珍珠绣花鞋上，而放在了对儿子的引导、开蒙、教育上。

钱学森的父亲钱均夫，在日本留学时潜心研究教育，留学生活结束后又自己在日本各地考察半年之久，因此，在教育自己的儿子时，自然不会因袭僵化的老一套。同时，他也没有全盘照搬西方的招招式式。极富聪明才智的妻子章兰娟，接受起丈夫先进的教育理念来，可谓同声相和、一点就通。他们是优秀的父亲和母亲。他们都深知对一个未成年的孩子来说，身体力行的影响，其发生的作用远远胜过严厉正规的教育。

章兰娟用自己日常生活中表现出的优美德仪，潜移默化、点点滴滴地在品行方面滋养着自己的儿子，比如让儿子养成按时起床的良好习惯，章兰娟用的也是不说教、不管束，而是以身作则的身体力行——每天早晨，小学森睁开眼睛看到的妈妈，必是早已起床、早已把居室拾掇得干净整洁，将自己打扮得美丽光鲜的妈妈。

望子成龙几乎是所有为人父母者共有的宏愿。钱家上下同样希望聪慧灵秀的小学森日后有大出息、大建树。可钱均夫、章兰娟夫妇却从不对儿子小学森做施压催肥、拔苗助长的事情。他们尊重儿童的天性，所以从不因为要让小学森学习更多的东西而限制小学森嬉戏、玩耍；他们知道兴趣是儿童学习的最大动力，所以他们并不急于把所谓看似更"有用"的东西生硬地灌输给小学森，而是注意儿子不同时候的兴奋点在什么地方，小学森的兴趣在哪里，就领着小学森去学习哪方面的知识。

当儿子想听故事的时候，章兰娟便给小学森讲故事，诸葛亮草船借箭、司马光砸缸救人、岳飞精忠报国……

儿子想看图画书，章兰娟便和小学森一起看，在亲子共读的过程中，给儿子讲图、讲画，讲图画中蕴含的意思和道理……

即使儿子蹲在地上看小蚂蚁搬家，章兰娟也绝不反对。观察自然、亲近自然、了解自然，是让一个孩子健康成长的重要一课。小学森蹲在地上看小蚂蚁，妈妈章兰娟会和儿子一起看，一边看，一边给儿子讲：小蚂蚁是非常勤劳的小动物，是特别具有协作精神的小动物，它们经常两只小蚂蚁、3只小蚂蚁一起，同心协力，摔倒爬起地将一粒米搬运回自己的"家"……

那个时代没有现在这样多、这样丰富的儿童读物，因此哪个孩子能有给自己经常讲故事、能与自己一同看图画书和小蚂蚁的父母，无疑便多了一种莫大的快乐、幸福和幸运。当然，妈妈章兰娟也会使用《三字经》《百家姓》《幼学琼林》《增广贤文》一类的书籍，只是她并非亦步亦趋、照单全收，而是在提供给儿子之前，都精心地取舍。首先，她选择儿子这个年龄的孩童接受得了的，接受了才能自己继续领悟；然后，她还要在听得懂的基础上，选取那些有美感的、积极的、对儿童的心智发育有益的，比如《幼学琼林》，它内容广博、包罗万象，书中既有天文地理、鸟兽花木、成语典故的内容，又有很多朝廷文武、典章制度、释道鬼神的篇什，章

兰娟便舍弃说教太多、神秘色彩太浓的那些内容，而择取有关天文地理、鸟兽花木、成语典故中易懂易诵的部分：龙为鳞虫之长，虎乃诸兽之王。美恶不称，谓之狗尾续貂；贪谋不足，谓之巴蛇吞象。杯中蛇影，自起猜疑；失马塞翁，难分祸福……

《增广贤文》中的内容绝大部分来自经史子集、诗词曲赋、戏剧小说以及文人杂记，经过历年、多人的反复推敲，大都成为朗朗上口的格言警句。可是，有些内容不是很灰暗，就是太世故，不宜过早地让天真稚气的孩童接触，如"逢人且说三分话，未可全抛一片心""马行无力皆因瘦，人不风流只为贫""穷居闹市无人问，富在深山有远亲"等。章兰娟便舍弃这样的内容，选取那些阳光的、向上的、优美的、既有哲理又有意境的，如：近水知鱼性，近山识鸟音。当时若不登高望，谁信东流海洋深？古人不见今时月，今月曾经照古人。至此如穷千里目，谁知才上一层楼……

1914年初，钱均夫被举荐到教育部门工作。此前，许寿裳、鲁迅已经先后来到，于是，在日本留学期间，以及在浙江两级师范学堂期间，因共同学习、探讨、工作而结下了深厚友谊的3个人，又聚在了一起。

钱均夫夫妇将家迁到了京城，住进北京西城区隐于一条深巷之中的四合院。这一年，钱学森3周岁。

母亲章兰娟发现，儿子除了在典故、历史、故事等方面善于领会、理解、博闻强记之外，已经在形象思维、语言表达上具备了他那个年龄的儿童少见的能力，他对数字、计算也非常敏感，简单的加减、乘除，他无须用笔在纸上演算，便可以很迅捷地得出正确的答案。章兰娟心中暗喜：这是"心算"的能力！

"心算"对开发儿童的智力潜能、拓展大脑的数理逻辑空间有着极重要的作用，于是，章兰娟便有意识地在这方面加强对儿子的训练、培养。她很善于寓教于乐，与儿子一起走路，路的距离、走的步数；与儿子一起选菜、择菜，菜的种类、各种菜的数量……生活中随时碰到的许多与数字、计算相关的事，母亲章兰娟都能随机编成加、减、乘、除计算题，让小学森随时"心算"。小孩子都是喜欢在父母面前表现自己的，每当小学森通过"心算"准确无误地说出答案、受到妈妈表扬时，他都非常高兴！

3周岁的孩子，不仅睁大了智力的眼睛，情感的大门也已经悄然开启。

对一个人的一生来说，"智商"重要，"情商"更重要，因为说到底，无论从事什么行业，首要是先要"做人"。而在这方面，开朗热情、宽爱善良的章兰娟女士早已在日常生活中通过她的言行举止、待人接物，潜移默化、细雨无声地深深影响和滋润了自己的儿子。许多年后，钱学森在回忆母亲时说道："我的母亲是个感情丰富、纯朴而善良的女性，而且是个通过自己的模范行为引导孩子行善事的母亲。母亲每逢带我走在北京的大街上，总是向乞讨的人解囊相助，对家中的仆人也总是仁厚相传。母亲的慈爱之心给了我深远的和连绵不断的影响。"

有那样优秀的父母，有那样得天独厚的条件，有那么好的阳光沐浴他，有那么多的雨露滋润他，钱学森是幸运的。

而那样优秀的父母、那样得天独厚的条件、那么好的阳光、那么多的雨露，也是幸运的，因为他们遇到了钱学森！

他们教育、厚爱、沐浴、滋润的，是一个天资聪颖灵秀、心性纯洁向上的孩子！

一棵幸运的小树长在了幸运的土地上。

幸运加幸运，是更大的幸运。

随着时光的演进，那幸运不仅成了钱均夫、章兰娟夫妇的幸运，成了钱氏家族的幸运，更成了神州大地的幸运、中华民族的幸运。

第三章
默默深扎的根

我这几天又在想中国21世纪的教育……大致可作为下面这几段教育：

（1）8年一贯制的初级教育，4岁到12岁，是打基础。

（2）接着是5年（高中加大学），12岁到17岁，是完成大成智慧的学习。

（3）后1年是实习，学成一个行业的专家，写出毕业论文。

这样的大成智慧硕士，可以进入任何一项工作，如不在行，弄一个星期就可以成为专家。以后如工作需要，改行也毫无困难。当然，他也可以再深造为博士，那主要是搞科学技术研究，开拓知识领域。

——钱学森书信《1993年10月7日致钱学敏》

古语云："穷则独善其身，达则兼济天下。"

有小本事只能"独善其身"，有大本事才能"兼济天下"。

而大本事、大能力，是一点一点积淀、累加、成长起来的。

钱学森一向重视基础。1961年，他给天津大学材料力学教研室的全体共青团员写过一封复信，一开头就谈道：

"你们在6月23日来信中所提出的问题是很重要的问题：如何系统地提高理论水平，如何培养实验技术。这两方面都要求一定的基础：理论需要教学及数学运算的技巧，而实验技术需要测量的物理原理和实验误差的处理方法。"

基础不牢，一立就摇。

基础是什么？用钱学森先生的另一种表达方式来说，就是"根底"。在回忆自己读大学时的两位恩师时，他说："30年代初入上海交通大学学机械工程（铁道门），基本上工程课。但教电机工程的钟兆琳教授和教热力学的陈石英教授都非常重视根底。"工程课是具体的应用课程，而若想在"应用"

时不出错、效果好，就必须有深厚的理论根底做支撑。"人民的基础教育是根本。"

在1917年北京女师大附小一年级的教室里，不满6周岁的小学森，是个子最小、年龄也最小的一位小学生。

钱均夫、章兰娟夫妇和所有做父母的一样，希望自己的儿子日后能成为一个有大本事、大作为的人。不同的是，他们不只是希望、期待，更扎扎实实地进行科学的教育、培养。

学习有个基础问题，习惯更有个基础的问题。让一个孩子从小养成良好的生活习惯、进学习惯，要比暂时让他多得几个"双百"、多参加几次"大赛"、多到电视等媒体上露几回脸，不知要重要多少倍。"钱学森的父亲对年幼的儿子管教十分严格而又得法，从小培养他良好的学习和生活习惯。每天按时起床就寝，按时复习功课和休息。出门上学一定要衣着整洁，书包整理得井井有条。回家后衣帽、鞋袜、书包放在什么地方，都有一定规矩。这对钱学森后来在科学事业上严谨仔细、一丝不苟作风的形成有一定影响。"

现在的很多父母，把自己未必做得到的"争分夺秒"，用到自己的孩子身上，除了做题、补课、上这个班那个班……孩子做别的统统都是"不务正业"，轻则白眼，重则训斥。而

玩耍、游戏、淘气，不仅是儿童生活世界不可或缺的重要内容，而且是开发儿童智力的有效途径，培养儿童感受生活、热爱生活的必经之路，让儿童获取乐趣、愉悦身心的关键因素。钱学森的父母从不干涉孩子天性使然的"淘气"，绝不剥夺儿子玩耍、游戏的时间。

少小时的钱学森是努力的、用功的，也是游戏的、快乐的。

他有一个快乐的童年。

快乐的童年对一个人的成长至关重要。

1920年，9岁的钱学森由"初小"升入"高小"，进入北京高等师范学校（今北京师范大学的前身）附属小学（今北京市第一实验小学）读书。

他活泼、开朗、兴趣广泛，学习的时候是一个专心致志的"小书虫"；功课之外，他好奇、未知的触角伸向很多知识领域，比如倡导科学、民主，充满爱国主义激情的演讲，他也听得热血沸腾。很多年后，他还依稀记得当年那位演讲讲得很好的女先生，她在演讲中说："中华民族是一个伟大的民族，中国人民迟早有一天会战胜列强、重振国威，让中华民族巍然屹立于世界的东方！"当时少年的钱学森还不知道，那位师大附小里唯一的女先生、女老师、激情洋溢的演

讲者是谁。1955年回国之后，钱学森先生知道了，她就是老一辈无产阶级革命家、周总理的夫人、令人敬重的邓颖超同志……

钱均夫、章兰娟夫妇在让儿子身心愉悦、生活快乐之中，用心地夯实着儿子良好的习惯基础：认真，严谨，全面发展；养成良好的心理素质和行为习惯，在汲取知识、钻研学问、培养能力的过程中，不懈怠，不玩忽，不要小聪明，而是脚踏实地，一步一个脚印。这让他受益终生。那个有关"800多页手稿——10页论文"的事例，也许可以让我们更真切地感受到在日后几十年做学问、搞研究的生涯中，钱学森先生具备的那种优秀品格。

钱学森在美国的研究工作十分严谨、认真。每做一个课题，先要查阅大量文献资料。阅读文献书籍的体会都要详细记录下来。从理论模型的提炼与建立，数学运算和数值计算，做图制表，直到与实验结果的对照，一步一步，甚至一笔一画、一点一滴都是那样工整认真、一丝不苟。他从不满足于一般性的理论推导，而是一定要通过数值计算和与实验结果的对比，使理论得到验证。一旦发现有误，便进行修正，甚至推倒重来，直到最后得到满意的结果为止。例如，关于薄壳非线性失稳理论的研究，就多次显示这一反复过程，仅编有页码的推导演算手稿就达800多页，而最后发表在美国《航空学学报》上的论文却只有10页。其工作之严肃认真、勤奋刻苦，由此可见一斑。钱学森在完成这项复杂而艰巨的研究之后，也许长长地舒了一口气，他在存放手稿的信袋上写了一个英文单词"Final"（意为"最后的"成果），但他立即意识到，真理都是相对的，科学家追求真理是永无止境的。所以他又立即写上"Nothing is Final"（意为"没有什么认识是最终的"），并以此来警惕和鞭策自己。

懈怠、玩忽不会让一个人日后有大本事。耍小聪明，更不会让一个人日后有大本事。钱学森之所以一直时刻关心、关注祖国教育事业，是因为——

总是追踪着世界科学技术发展的最新趋势。一直奋斗在科技最前沿的钱学森深深地体会到：人才问题的确是国家大事，21世纪全球将进入智力战。

他发现在我国早期教育、学校教育、课程设置、学制设置……诸多方面，都存在着很多值得研究的问题；他感到社会上某些急功近利、轻狂草率、浮躁作秀……比如，很多早期教育的初衷，不是意在帮助儿童打好扎实的学习基础、良好的习惯基础，而是拔苗助长；不是把重心放在呵护儿童的好奇心、求知欲、想象力上，而是把很多成人搞出来的、根本不符合儿童成长规律的"设计"，过早地、一厢情愿地强加给儿童。

一个人，特别是未成年人，如果没有强烈的好奇心，就不会有旺盛的求知欲；如果没有旺盛的求知欲，就不会有丰沛的想象力；如果没有丰沛的想象力，就不会有"敢为天下先"的创造性。

而无论在任何领域，只有那些具有"原创性"的发明、创造，才能让一个民族、一个国家充满无限的活力，具备可持续发展的无限可能！

一项发明创造，胜过一万"照葫芦画瓢"产生的价值。

钱学森始终强调"大成智慧"。

大成智慧，就不是单一的技能，就不是"小聪明"，更不是考试得满分、多拿几个"双百"、一时多风光；它是全面发展的，它是触类旁通的，它是鼎力创新的，它既有高屋建瓴的理论观照，又有极强的现实关切，能让高超的理论与高效的实践紧密结合到一起，是时变我变、与时俱进的大智慧和大本事。

在钱学森先生致钱学敏教授的这封信中，他还明确指出：

"这样的人是全才。我们从西方文艺复兴时期的全才伟人，走到19世纪中叶的理、工、文、艺分家的专家教育；再走到20世纪40年代的理工结合加文、艺的教育体制；再走到今天理、工、文（理工加社科）结合的萌芽。到21世纪我们又回到像西方文艺复兴时期的全才了；但有一个不同：21世纪的全才并不否定专家，只是他，这位全才，大约只需一个星期的学习和锻炼就可以从一个专业转入另一个不同的专业。这是全与专的辩证统一。"

给钱学森先生做了20多年秘书的涂元季将军，在一次接受采访时说："我跟了钱老这么多年，我感觉他对我们国家的教育事业一直有不同的思考。"

钱学森期待的，是中国的教育能够培养出源源不断的、具有"大成智慧"的"全才"！

对一个国家、一个民族来说，教育的成功，就是大成功，是具有战略意义的成功。

第四章
那些远去的背影……

　　我自己受过20年代师大附小和师大附中的良好教育，那时期就出了许多有才干的人，如您委的张维同志，如北京大学的张岱年教授。我高中在师大附中高中理工科，学过伦理学、解析几何、微积分、大代数、非欧几里得几何、第二外语德语、有机化学、工业化学等，差不多把现在高等院校大学二年级的课都读了。这一经验不值得总结吗？

　　——钱学森书信《1990年1月27日致李铁映》

1923年，少年钱学森考入了北京师范大学附中，这年他12岁。

位于今天北京市西城区南新华街18号的北师大附中，当年的校园并不大，没有高楼大厦、亭台阁榭，一切都显得那么朴素。钱学森在这里读完高小、初中、高中。

北京师大附小、北京师大附中，给钱学森留下了终生难忘的印象，因为那里"出了许多有才干的人"。

像著名力学家张维、哲学家张岱年，还有赵世炎、汪德昭、姜泗长、马大猷、林家翘、于光远、李德伦、于是之、成思危……

钱学森终生感念的北师大附小、北师大附中，开创了中国教育的很多先河。

现在几乎所有的中小学都有课间操，可有多少人知道，课间操，是从什么时候开始的？由哪所学校首先实行？

是北师大附中，于1917年首创课间操制度。

它又于1921年，在全国率先招收女生，实行男女同校。

1922年，在校长、著名教育家林砺儒的主持下，北师大附中率先实验中学"三三"新学制，自定新的课程标准，自编教材，实验文理分科。一些在中国文学史、教育史上留下名字的人物，如林琴南、钱玄同、石评梅、傅仲孙、顾明远等，都先后在该校任教。

钱学森回忆说："20世纪20年代的北京师范大学附属中学有个特别优良的学习环境，我就是在那里度过了6年，这是我一辈子忘不了的6年。""记得我在师大附小读书时，级主任于士俭老师教我们书法课，小学生可以按照自己的爱好，选择颜真卿、柳公权、欧阳修、赵孟頫等人的字帖临写，老师如果看学生写得不好，就坐下来，照着字帖临写一个字，一笔一画地教，他写什么体的字，就极像什么体字，书法非常好，使你不得不喜欢书法艺术。"

有些东西可以"打快拳"，而一个人的艺术品位、高雅格调，是绝不能"速成"的。钱学森不仅是杰出的科学家，而且在文学、艺术等诸多方面，都有着很深的底蕴、很高的造诣，终生都对诗歌、音乐、美术、书法有着浓厚的兴趣。也许是小学读书时于士俭老师播下的种子吧，钱学森先生回国之后，"每次去杭州办事，他总要到西泠印社观赏书法篆刻"。

"老附中师资水平很高，老师对学生很亲切。教生物的俞君适老师，常带学生到野外采集标本，我记得他给我一条蛇，让我做标本。还有教博物的李士博老师，他教我关于矿物硬度的记法：'滑、膏、方、莹、磷、长，石英、黄玉、刚、金刚。'挺押韵的，好记，有用。这就是矿物硬度的十度，到今

天我还背得烂熟。教几何的傅仲孙老师，自己编几何讲义，用古汉语编。傅老师的古文水平很高，教我们的时候还拉着腔调念讲义，很带味。他说他讲的道理是纯推理，得出的道理，不但在教室里如此，在全中国也如此；不但在全中国如此，全世界也如此，就是到了火星，也还得如此！他把逻辑推理讲得透彻极了，而且也现代化。"

当年，新华社记者王思海采访时任北师大附中校长刘沪先生，他说："钱老曾经回忆，当时师大附中对考试形成这样的风气：'学生临考试是不做准备的。从不因为明天要考什么而加班背诵课本。大家都重在理解，不在记忆。考试结果，一般学生都是70多分，优秀学生80多分。'如果通过死记硬背、急功近利获得高分，同学们反倒瞧不起。老师们也是这样教育学生的。著名数学教师傅仲孙先生提倡创新，在给学生的测验评分时独出心裁，如果出5道题，学生都答对了，但解法平淡，只给80分；如果答对4道，但解法有创新，就给100分，还要另加奖励。学生没有考试追高分的压力，他们把大量的时间用来读课外书、动手实验和外出实践。他们到郊区挖矿石，捉小动物做标本；文体活动丰富多彩，各种社团十分活跃。"

当年的北师大附中，还经常邀请一些大师、名人来校做报告、演讲。钱学森上初一的1924年1月17日，鲁迅成为应邀到北师大附中发表演讲的又一位名家，他的那篇著名演说《未有天才之前》，就是那次在北师大附中发表的。当时鲁迅先生在教育部门任职，和钱学森的父亲钱均夫先生是在一个单位工作的同事。几十年后，依然有当年的师生记得当时的情景：鲁迅先生穿一件旧了的青布长衫，带着浓重的浙江口音：

> 天才并不是自生自长在森林荒野里的怪物，是由可以使天才生长的民众产生、长育出来的，所以没有民众，就没有天才。
>
> ……
>
> 譬如想有乔木，想看好花，一定要有好土；没有土，便没有花木了；所以土实在较花木还重要。花木非有土不可，正同拿破仑非有好兵不可一样。

好学校，好校长，好风气，好老师。在钱学森亲笔开列的、一生中给予他深刻影响的17个人的名单中，有8位是他的中小学老师。1991年，国务院、中央军委授予他"国家杰出贡献科学家"荣誉称号和一级英雄模范奖章，在授奖仪式的讲话中，他深情缅怀他当年的那些老师——

"我从1923年到1929年在北京师大附中念书。那个时代办学是非常困难的，但是，当时的校长林砺儒先生把北京师范大学附属中学办成质量上乘的第一流学校，实在难能可贵。他实施了一套以提高学生智力为目标的教学方法，启发学生学习的兴趣和自觉性……"

在这次讲话中，钱学森特别提到的老师有两位：林砺儒、董鲁安。

旧中国国家多难，人民处于水深火热的灾难中。在那样一种艰难困苦的年代，办学真不是一件易事。后来又有"九一八事变""卢沟桥事变"，日本帝国主义将侵略的战火陆续烧遍东北、华北、大半个中国，可谓内忧外患、兵荒马乱。1981年，钱学森先生回母校——北师大附中参加80周年校庆活动，在庆祝大会上他说："我是1923年至1929年在师大附中学习的，想到在师大附中学习的情景，我是很有感触的。那时候，这儿是城的边缘，很荒凉，再往南去的陶然亭是一片荒野。胡同里常有做小买卖的叫卖声，听起来很凄凉。我们在附中上学，都感到一个问题压在心上，就是民族、国家的存亡问题。就在这样的气氛下，我们努力学习，为了振兴中华。"关于当时的条件，在钱学森先生的回忆中，他提到过一个细节："化学试验课比较丰富，但也有当时的困难，试剂不纯，滤纸用北京冬天糊窗的'高丽纸'！"

当年中国共产党被反复围剿、屠杀，依然前仆后继、奋斗不息，爬雪山、过草地、历经两万五千里长征，终于夺取了全国胜利。中国的教育也是如此。

于士俭、俞君适、李士博、傅仲孙、王鹤清、高希舜、林砺儒、董鲁安……他们的背影渐渐远去了。他们的精神、品格、魅力，始终在中国教育界一代又一代的优秀者身上，留存、洋溢、蓬勃……

自从1955年冲破重重阻力回到祖国，钱学森始终关注、操心中国的教育。

第五章
最高的智慧是"大成智慧"

我们现在讲"素质教育"的关键是培养学生的思维方法，提高智力，因此一方面要在理论方面研究思维科学，而另一方面也要从经验总结出艺术在教育中的重要性。聪明来自艺术与科学的结合。

——钱学森书信《1998年6月17日致戴汝为》

旧中国也不是什么都落后，有那么几所大学，就办得非常健康、向上、新锐、进取，甚至可与当时某些发达国家的名牌大学相媲美，令傲慢的西方都不得不另眼相看，比如北方的北京大学，南方的上海交通大学。

上海交通大学最开始的名字是"南洋公学"，创办于1896年，发起者是盛宣怀。南洋公学自建校那天起，便不甘流俗、平庸，坚定贯彻"求实学，务实业"的宗旨，将培养"一等人才"作为自己的任务和目标，几乎一切都参照美国哈佛大学、耶鲁大学的办学模式，就连大学的主楼，都是聘请美国的建筑师设计、督造的。时代在变，南洋公学也在变，它后来逐渐走上成熟的"以理科为基础、工科为重点、兼有管理学科"的办学之路，招录全国各地的优秀学子，聘请全国各地的大师名家。著名的革命家、教育家蔡元培，以及张元济、马寅初、吴有训等，都曾在那所校园里执教。到了20世纪30年代，它已有了"东方的MIT"——东方的麻省理工学院——的美誉，并在1949年正式更名为交通大学。

当年的上海交通大学，不只是外表上与美国名牌大学相像，更做到了内质上与其媲美和竞争——当时从这里走出去的大学毕业生，如果想到欧美留学，无须再经过欧美大学的入学考试！

1929年，18岁的钱学森从北师大附中毕业，"一生难忘"的6年中学时光画上了一个圆满的句号。以钱学森上佳的综合素质、丰厚的学习基础和卓越的学习能力，他完全可以把目光聚向北大、清华这样的大学，可他却执意要报考上海交通大学。

这是为什么呢？

因为他要"学以致用"，去攻在当时世界上对各国来说都至为重要的一门技术——铁路工程！

人类最早的铁轨，出现在两千多年前的希腊，不过上面跑的不是机动轮子车，而是马拉的轮子车。1804年，英国人威尔士发明了第一台能在铁轨上前进的蒸汽机车。十几年后，世界上第一条蒸汽火车铁路，终于在英国这个老牌帝国主义国家铺设成功。从此，铁路、火车纷纷在各发达国家风靡起来，风驰电掣、轰轰隆隆，日益显示出它的巨大潜力、速度和能量。到了1895年，铁路已经贯穿英国全境，美国具备了一年之内即可建造铁路一万多千米的水平。铁路和火车，无可争议地成为一个国家国力、国势、工业化水平的象征。

而这时，中国只有一条几百米长的铁路，并且还是外国人修的。它没有什么实用性，是外国人把它修在中国的土地上，用来向中国人"显摆""示威"的。

直到1909年，中国自己设计、建造的第一条铁路——京张铁路——才建成通车。它的总工程师，就是中国铁路史上的英雄、令中国人扬眉吐气的詹天佑。他亲自勘察、亲自设计，亲临劈山架桥、开凿隧道的各种施工现场，冲开一个又一个技术上的障碍。在整个建造过程中，他坚持"不用一个外国的工程师"，历经千辛万苦，一千多个日日夜夜，比原计划提前两年，使中国自己的第一条铁路上，奔跑起汽笛嘹亮的火车，让那些或者打算取而代之，或者等着看笑话的外国人目瞪口呆！而整个工程费用，仅是外国人估价的五分之一。

然而，在中国辽阔的大地上，"詹天佑"毕竟太少了！

到钱学森高中毕业时，中国的铁路，中国的工业，中国的国力、国势、国威，依然是外国人、西方列强嘲笑的对象。"20年代，火车是中国工业化的希望，人们对这个新兴的交通工具非常着迷，孙中山先生在《民国建国方略》中为中国铁路勾画的宏伟蓝图，使年轻的钱学森相信'今日之世界，非铁道无以利国'。"

怀着让祖国强大起来的信念，钱学森以总分第三名的优异成绩，考取了上海交通大学。

在风景秀丽的南方出生，却在辽阔大气的北方长大，钱学森已经对北方、对北京有了深深的感情，但他却去了南方的上海读大学。

上海交通大学校史博物馆顾问曾勋良教授说："钱学森是1929年考入交大的，他原来是在北方读书，他所读的那所学校，是北京的师大附中，对学生的教学比较活，学生不是死读书的。而上海交大的特点呢，非常严格，很重视学生的考试成绩，当时计算成绩，要计算到小数点后两位来排名次。钱老呢，他还是沿用他中学时候的读书方法，所以最早的两学期，他的成绩不算是班上最顶尖的，因为他的读书方法呢，是要活学活用这一路。"

钱学森是钱均夫、章兰娟夫妇的独生子，他们夫妇对他自然疼爱有加。钱学森考上上海交大，离开了北京后，为了方便一家人的生活、照料儿子，钱均夫先生辞去了他在北京教育部门的工作，应聘到浙江省教育厅任职，将家从北京迁回杭州，住进了杭州市方谷园2号的老宅。

1930年暑假后期，钱学森得了伤寒病，在杭州家里卧病一月有余，后因体弱休学一年。

现在很少有人得伤寒病了，即使得上，及时发现及时治疗，也可以很快治愈。可是，历史上它曾是一种令人谈虎色变的传染病，死亡率极高。在20世纪30年代的中国，它依然是一种很难治愈的病，原因是医治伤寒病的有效手段是使用青霉素一类的抗生素，而那时，在整个中国也找不到一支青霉素。

后来，中医用中医中药，帮助青年钱学森战胜了伤寒病的死亡威胁。

患上伤寒是危险又痛苦的，大病之后体质虚弱，还不得不休学，也实在让人烦恼。可大家从钱学森那里，却看不到任何的懊丧和萎靡，他听音乐，学绘画，一本接一本地阅读各种大学课程以外的书籍，到西子湖畔观赏美丽的湖光山色，到郊外的大自然中呼吸新鲜的空气，仰望蓝天白云，看雄鹰展翅高飞，最后消失在遥远的天际，看小鸟在枝头上鸣啭歌唱，看花、看树、看草，领略造物的神奇……

音乐、美术、文学、历史、哲学，美丽的风光，神奇的大自然中蕴藏的无穷奥秘，这一切，无一不是从小便受到"全面发展"的良好教育的钱学森感兴趣的。

说到音乐，考入上海交大后，为了省钱，钱学森经常步行到城里去听音乐会。中国"两院"院士、钱学森先生的大学同学罗沛霖回忆说："他天天吹他那个中低音号，每天必吹半小时，我常从他窗外走过时，听他在吹。他在练习，那是很认真的练习。毕业的时候，他得了奖学金，他是全班第一名，分数是很高的，没有一门不是九十几分。他拿着那钱，跑到南京路。南京路有外国商店，可以买到唱片。他买了一套格拉宗诺夫的《音乐会圆舞曲》，一个本子，里面有两张唱片，拿到我这儿来一块听。当时我问他，你怎么喜欢格拉宗

诺夫，他说：'因为他的色彩丰富啊。'"

"色彩丰富"——钱学森居然能从音乐中感觉到色彩！是的，色彩里有音乐，音乐里有色彩。惊人的领悟力、感受力，不是只钻一门所能具备的，也绝非一朝一夕就能养成的。翻开上海交通大学的档案，在1933年的《军乐队成员名单》《学生管弦乐队成员名单》《口琴会名单》里，都可以看到钱学森的名字。

也许更少有人知道，作为理工科学子的钱学森，居然发表过非常专业化的、渗透着个人对音乐精深感悟的音乐论文。人们如果翻找到1935年的《浙江青年》杂志，就会在第1卷第4期上看到一篇含有大量乐谱、乐段示例的文章，题目是《音乐和音乐的内容》，作者：钱学森。

说到美术，由于身为教育家的父亲的引导，钱学森从小就对绘画有着浓厚的兴趣和根底。"上附中以后，学校非常重视美术课，父亲进一步促使钱学森接受艺术教育，美术成了钱学森终身的爱好。钱学森当年的美术老师是著名国画大师高希舜。大师的指点使他对国画产生了浓厚的兴趣。他的画在同学中出类拔萃。他画的两幅史前动物生态水墨画挂图，当年就被老师视为学生优秀习作而收藏。"在他休学的一年时间里，父亲又专门为他请了绘画方面的名家做他的老师，不

仅教国画，还有西洋画，钱学森经常遨游在琳琅满目的名画世界里，陶醉在美的巨大享受之中。他对经常陪他去西湖的父母说："在观察景物、运笔作画时，那景物都融会在我的心里。那时，什么事情都全部忘记了，心里干净极了。"

钱学森先生一生都保持着对艺术的热爱，甚至是痴迷。他对艺术的热爱与痴迷，又不是中国传统士大夫"把玩儿"式的，而总是与火热的生活紧密相连，总是带有让人耳目一新的建设性。下面是他写于1992年的一封信中的部分内容：

近见6月18日《人民日报》8版《大地》页有一组图画，是颇有新意的，今复制附上。

我特别要提出的是：我国画家能不能开创一种以中国社会主义城市建筑为题材的"城市山水"画。所谓"城市山水"，即将我国山水画移植到中国现在已经开始、将来更应发展的、把中国园林构筑艺术用到城市大区域建设，我称之为"山水城市"。这种图画在中国从前的"金碧山水"中已见端倪，我们现在更应注入社会主义中国的时代精神，开创一种新风格，为"城市山水"。艺术家的"城市山水"也能促进现代中国的"山水城市"城市建设，有中国特色的城市建设——颐和园人民化！

　　——钱学森书信《1992年8月14日致王仲》

　　每每提到中国的教育，中国的学术研究，中国的科学技术，中国未来的发展，钱学森先生就会说到"创新"，说到"拔尖人才"，他一直在呼唤"大成智慧"！

　　而一个人只能在具备了广阔的思维空间之后，才可以说具备了生成"大成智慧"的必备条件；而一个人如果具有广阔的思维空间，就不会只是数理的、逻辑的，还必须有形象的、直感的。钱学森曾深有感触地说："这些艺术上的修养不仅加深了我对艺术作品中那些诗情画意和人生哲理的深刻理解，也让我学会了艺术上大跨度的宏观形象思维。""我觉得艺术上的修养对我后来的科学工作很重要，它开拓了科学创新思维。现在，我要宣传这个观点。"

　　到了金秋灿灿、硕果累累的晚年，钱学森先生更是大张旗鼓地宣传这个观点，提倡认真研究形象思维，他反复强调，科学技术的研究，科学技术的创新，其中艺术修养、形象思维都是起重要作用的！1994年，他在一封信中这样写道："讲讲我个人在研究问题中的创新过程。在30年代中期到40年代初，当我碰到疑难问题时，苦思不得其解，总是形象（直感）

思维，甚至是灵感（顿悟）思维解决问题。"

科学与艺术相辅相成，抽象思维与形象思维都是"大成智慧"不可或缺的。

形象思维能够帮助科学家开拓更广阔的思路——在钱学森几十年的3000多封信中，他多次阐述、重申、强调类似的思想和观点，并且特别提醒人们要重视"形象思维"，为形象思维张目——"我想我们国家的一些同志泥于旧说，认为只有抽象思维才称得上思维，形象思维则是原始型的，不登哲学的庙堂！您的文章很好，充分说明了形象思维的重要性。我尤其欣赏您指出的：形象思维先于语言，也先于抽象思维。古人云：'只能意会，不可言传'也似是说形象思维先于抽象思维。"（钱学森书信《1984年7月27日致王南》）

钱学森不仅指出了形象思维的重要、文艺修养的重要，还告诉了我们获得、拥有形象思维的途径："形象思维该如何培养？这也很简单，文艺创作是要形象思维的，没有形象思维的文艺人是不存在的。所以培养青年的形象（直感）思维能力可以用文艺创作这一途径。我自己在中学就：1.画过水彩画、中国画；2.拉过小提琴；3.写过小品文。在大学吹过号，参加过学校的管乐队。要注意的是：形象（直感）思维不同于抽象（逻辑）思维，它只能意念，不可言传。"

钱学森告诉我们：

聪明和智慧，来自艺术与科学的结合。

最大的智慧，是"大成智慧"。

最高端的人才，是具有"大成智慧"的人才。

第六章
仰望湛蓝无际的天空

　　认知过程是无穷的，知识是无穷的。过程·历史·发展·前进，永无止境。我们现在知道的只是一小块，我们不知道的才是大海！

　　——钱学森书信《1994年2月7日致钱学敏》

　　1931年暑假结束后，钱学森经过一年休学调养，不仅身康体健，而且性灵经过了一番特别陶冶。他重新回到了上海交通大学的教室、实验室。

　　这一年的9月18日，一直对中国的大好河山虎视眈眈的日本帝国主义，在东北沈阳北大营南面的柳条湖附近，炸毁了一段铁路，然后贼喊捉贼，在现场摆了3具身穿中国士兵服的尸体，反诬是中国军队破坏铁路，以此为借口，悍然发动了侵略东北的"九一八事变"。驻守的东北军奉命不抵抗，陆续撤向关内，日本人轻松地占领了沈阳全城，并在短短的几个月之后，吞并了整个东北。

仅一年余，日本侵略者故伎重演，又在上海唆使一些日本人寻衅滋事。待事端扩大后，以保护在华日本侨民的生命财产安全为借口，1月28日23时30分，2300多人的日本侵略军在坦克的掩护下，越过租界向华界大举进攻。当时驻守上海的中国19路军，在总指挥蒋光鼐、军长蔡廷锴的率领下，英勇奋起，坚决抵抗，"一·二八淞沪抗战"爆发。日本侵略者还想像一年前在沈阳那样轻易得手，可这次它没能得逞。第二天，日本飞机从"能登号"航空母舰（它就停泊在上海的黄浦江）上起飞，疯狂轰炸上海闸北。顷刻间，大批民房、商铺陷于火海，无数手无寸铁的平民血肉横飞……而中国创建于1897年、具有世界水准的现代出版机构——商务印书馆，就坐落在闸北。在日本飞机的蓄意轰炸下，商务印书馆总管理处、总厂及编译所均被炸烂、焚毁。无数学者、员工用30年时间苦心搜集到的大量中外书籍，绝大部分属于孤

本、善本的典藏，50余万册图书，还有积累多年的中外杂志、报刊，全套中国各省府厅州县的地方志，以及编译所珍藏的各种参考书籍和珍贵文稿都化为灰烬。熊熊大火将印刷用的各种铜版、锌版、铅版尽都烧熔，与商务印书馆比邻的东方图书馆（中国最大的私人图书馆，藏书超过30万册）、尚公小学，也毁于那场劫难之中。据当年目击者的描述，商务印书馆、东方图书馆遭到轰炸燃起大火后，浓烟遮蔽上海半空，纸灰飘飞10里之外，大火熄灭后，在商务印书馆、东方图书馆的废墟上，纸灰深可没膝……

商务印书馆被炸毁前，发展规模已超过整个亚洲的所有出版企业，可与世界上任何大型出版社相媲美。当时，商务印书馆在上海闸北一带占地80余亩，有员工4500多人。20世纪30年代，商务印书馆的出版物占全国出版物的52%，其中教科书占全国教科书总量的60%以上，被誉为"东方文化出版之中心机构"。炸毁商务印书馆，是日本制造的一场人类历史上空前的文化出版业大浩劫，它不但让中国人民同仇敌忾，也受到了当时世界许多支持正义国家的共同谴责。

日本飞机的续航能力虽然很差，可它们就在停泊于黄浦江的日本航空母舰上起落，所以能够像苍蝇一样地来而复去、去而复来。据统计，在日本飞机一轮又一轮的狂轰滥炸下，除商务印书馆、东方图书馆、尚公小学外，闸北华界的商号被毁达4204家，房屋被毁1.97万户。

在"一·二八淞沪抗战"中，上海交通大学的学生们，心甘情愿地腾出了自己最好、最新、最舒适的宿舍，用作战时的国民伤兵医院。

钱学森亲历了日本飞机对上海闸北的那次狂轰滥炸，亲眼看到了商务印书馆、东方图书馆遭到轰炸后被熊熊大火冲到天空上的纸灰，以及成千上万倒塌、焚毁的民房和商铺，还有那无以数计家破人亡、流离失所的平民……他痛切地感受到，一个国家如果没有强大的空军，就没有制空权；没有制空权，就无法捍卫自己领空的尊严；而捍卫不了自己蓝天的尊严，就无法捍卫自己大地的尊严！

在这期间，钱学森也开始接触到共产党的外围组织，参加过多次小型讨论会，知道了红军和解放区的存在。

有着5000年文明史、领土面积是日本20几倍的中国，之所以要受日本的欺凌，就是因为中国落后。落后就要挨打、受辱。从小就受到父亲"教育救国""科学救国"深刻影响的钱学森，越是感到祖国落后，便越是加倍努力地学习，就像当时上海交大校歌激励和希望学子们做到的那样——

> 既醒勿睡，
>
> 既明勿昧，
>
> 精神常提起，
>
> 实心实力求实学，
>
> 实心实力务实业……

好的校歌，绝不仅是集会、仪式上唱一唱的装饰物。很多年后，钱学森先生仍然对那些优秀的校歌有着很深的感情，他在1984年致胡传机先生的信中写道："您给我送来您中学的校歌，我很受教育。在新中国成立前，一个学校的校歌大都有此精神，教育学生要以天下兴亡为己任！而不是去搞钱、搞享乐！而当时同学中的绝大多数也是按校歌去身体力行的，是革命队伍中不可缺少的组成部分。"

以天下兴亡为己任。求实学，务实业，勤奋、严谨、力争上游。钱学森先生的大学时代就是在这种富有责任心、使命感、积极进取、昂扬向上的气氛中度过的。"钱学森的考卷总是书写工整，清洁漂亮，连'＝'都像用直尺画的一样，中、英文字写得秀丽而端庄，深得老师的赞赏……每学期平均分数都超过90分，因而得到免交学费的奖励。"

至今在上海交通大学的档案馆里，还珍存着一份与钱学森有关的试卷。它不仅记录下了青年钱学森学习的剪影，更让我们看到了一位日后成为杰出科学家的人，在读大学期间就有着怎样的治学态度和做人品格。

那是一份上海交通大学1933年的水力学试卷。

当时在上海交大讲水力学的老师，是金悫教授。

上海交通大学校史博物馆顾问曾勋良教授介绍说："那么这次考试呢，据金悫老师讲，他出考题，每次都要有一两道特别难的题，他的目的是让学生不要自满：'假如题出得很容易，都很容易得100分的话，那不是要自满吗？我就要有一两道特别难的题，让你感觉到学无止境。'他是依这么个指导思想来命题的。在这次考试中，他也出了一道很难的题，可钱学森呢，一共6道题，6道题他全部做对了！"

钱学森发现自己的试卷，从头到尾通通都让金悫教授打上了对号，也就是说，只要他把试卷再交回去，他这次考试就可以拿到100分。可是，在仔细查看中，钱学森发现，他在一个公式的推导过程中，将"Ns"后面那个小小的"s"漏掉了，写成了"N"。于是他向金悫教授举手，主动说出自己试卷上的那个错处，并请求老师给予扣分。金悫教授拿过试卷一看，果然如钱学森所说的那样。于是，在统计总分时，金悫教授给了钱学森96分，而不是原来判定的100分。

此事让金悫教授大为感动。他深深地喜欢上了这位诚实、严谨，名叫钱学森的学生。金悫教授姓名中的那个"悫"字，含义就是诚笃、忠厚。诚实、严谨、求实学、务实业，钱学森践行的，正是金悫教授一向赞赏、推崇、恪守的！而当时的金悫教授也许还不知道，他"学无止境"的思想，他每次考试命题都要出一两个特别难的、以免学生们轻易拿了满分而自满的良苦用心，作为学生的钱学森，不仅发自内心地赞同、理解，而且感念老师那种高标准、严要求的教学方法。师生之间息息相通。

虽然那次考试过去了，金悫教授却一直保留着钱学森的那份试卷。他的保留不是一年、两年、几年，而是将近半个世纪！在漫长的40多年时光里，金悫教授不知迁移过多少地方，发生过多少变故，可他始终像宝贝一样，留着那份试卷。1937年11月，日军攻占上海，上海沦陷。日本兵到处烧杀劫掠，上海交通大学只好迁往抗战的大后方重庆。就是从上海到大西南遥远的一路上，在那么多颠沛流离的日子里，金悫教授依然把那份试卷好好地放在随身携带的箱子里。抗日战争胜利后，上海交通大学迁回上海，那份试卷又随着金悫教授回到上海。1980年，当钱学森先生回到上海看望母校上海交通大学时，金悫教授拿出了钱学森当年的那份试卷。钱学森先生与自己当年的老师，一起回忆起了几十年前那次考试他主动要求扣分的情景……

青年钱学森人在20世纪30年代，想的却是遥远的未来。

"一·二八事变"中，就发生在身边的大轰炸，就飞掠在头顶上的那些日本飞机，让他开始回头审视自己所选择的专业：现在还是"当今之世界，非铁道无以利国"吗？

1996年4月，钱学森先生为西安交通大学"钱学森图书馆"揭幕典礼写了一份题为《图书馆与钱学森》的书面发言，其中谈到他在大三、大四时的情景——

那时上海交大图书馆在校门右侧的红楼……我是学机械工程的，常去找有关内燃机的书，特别是讲狄塞尔发动机的书来读，因为它热效高。后来我的专业是铁道机械工程，四年级的毕业设计是蒸汽机车。但我到图书馆借读的书绝不限于此，讲飞艇、飞机和航空理论的书都读，讲美国火箭创始人戈达德的书也借来看。我记得还借过一本英国格洛尔写的专讲飞机机翼气动力学理论的书来读；当时虽没完全读懂，但总算入了气动力理论的门，这是我后来从事的一个主要专业。

也就是说，钱学森在大学还没有毕业的时候，便开始仰望祖国的蓝天，他要从研究"地上跑的"，转向研究"天上飞的"！火车很重要，可火车上不了天，保护不了国家的领空！

当时上海交通大学铁道工程专业的师生，都知道大名鼎鼎的钱学森同学，却没有几个人知道，大学尚未毕业的钱学森，已经陆续在极其严谨、专业的学术杂志上，发表了多篇学术论文，而且都是有关飞行器、航天航空的。

1935年夏天，《浙江青年》的读者们，在这本南国热门杂志上，看到了一篇极其"冷门"的学术文章，论述的居然是火箭！在当时的中国，在绝大多数国人的概念中，"火箭"只是神话传说中才有东西，没有几个人知道西方科技发达的国家，已经研制，并部分地使用了这种先进的装置。此论文中有一个包含多种参数、技术关系的图表，有五张火箭与飞机的外形图、解剖图、构造图、内里结构示意图……整篇论文，即使在专业的人士看来，它也一定出自从事相关研究的专业人员之手。而事实上，它的作者还是一位大学在校学生，且学的是铁道工程专业。这篇高质量论文的作者，就是钱学森。

1934年暑期，青年钱学森和同学们一起到南口，那是当年詹天佑设计建造中国第一条铁路时，倾洒过心血和汗水的地方。

在南口，青年钱学森的目光，百感地顺着两条铁轨伸向远方——那条并不笔直、还要经常穿越大小山洞隧道、在复杂的地貌上努力向前伸延的铁路，就是中国自己建造的第一

条铁路——京张铁路。它是詹天佑为中国人民争气的见证。青年钱学森，在那片承载过无数中国人抗争与梦想的大地上，再次缅怀了詹天佑这位中国铁路史上杰出的工程师。

那天一起去的同学们，大概谁也没有想到，这就是他们的同窗好友钱学森，与铁道工程、与火车头设计最后的辞别。

第七章
从祖国的大地出发

在1984年我就说我们还没有教育的基础理论，一切所谓"教育学"都是瞎猜，所以自古以来，所有能人都是冒出来的，不知道怎么会就出现了。因此就产生了"天才论"，是老天赐予的！这当然是荒谬的唯心主义！也不是什么遗传基因在起作用，"天才"们的前代和后代往往也不怎么样。结论只能说：一个人的才能智慧是他的社会实践所造就的，这里当然包括教育。

——钱学森书信《1989年8月9日致刘静和》

在20世纪30年代，能进入大学且读到大学毕业的年轻人，寥若辰星。就是到了新中国成立的解放初期，高中毕业还属于"高学历"。

1934年暑期，从上海交通大学这所全国名牌大学毕业后，钱学森紧接着报考了清华大学的留美公费生，做应考的准备。

上海交通大学毕业的学生，想到欧美留学，不是用不着再考试了吗？钱学森为什么还要去"应考"呢？

的确，从上海交通大学毕业的学生如果想留学美国，是无须再考试的；钱学森之所以还要考试，关键是要争取"公费"。

钱均夫先生自青年时代留学日本归国后，除了自己在上海办过一段时间"劝学堂"外，一直都有收入不错的公职。要么做浙江省立中学的校长，要么做教育部门的高级职员，后来还做了浙江省教育厅的厅长，他每月的薪水、每年的收入和一般人比起来，已经算是很高的了，可即使像他那样的家庭，如果自费供一个孩子到美国留学，仍然是非常沉重的负担。钱学森立志留学深造，又不想拖累父母，所以他要自己去考"留美公费生"。

当时留学美国的公费生，清华大学不但负责全部的学费，每月还向每位留学生发钱——不是银元，是美元——其数额依当时美国的物价而有所浮动，可以保障每个留学生的生活开销，因此那时考取了公费生的中国学子在美国留学，无须打工，专心致志地学习即可。

1934年清华大学的留美公费生名额，只有20个。

为成为那1/20，钱学森在酷暑难耐的8月，从杭州赶往南京。那是留美公费生的考场。

钱学森考完就回来了，就像放学回家一样。

1934年10月2日，留美公费生结果通告贴出来了，上面赫然有这样一行字：

航空门（机架组）一名 钱学森

航空门机架组，用现在的话说，就是航空系机架专业。

考取了极其难得的公费留学名额，钱学森并没有多么沾沾自喜。他知道"天外有天"是什么意思。他不会更多地沉浸在眼下的喜悦中。

他要让生命绽放出更加璀璨的光芒。

他要让自己的人生经历更多的风景。

他要做大事。

主持1934年那次出国留学考试工作的，有一位是清华大学的教授叶企孙。

中国知识分子是有着自己的光荣传统的，就像钱学森先生晚年所赞叹的那样："中国的知识分子在长达几千年连续文明中形成的举世无双的优秀品质，万万不能丢！这是中华民族的骄傲，是全世界的楷模！"那种光荣传统和优秀品质之一，就是无论什么年代，无论处在什么样的社会环境里，也无论个人有着怎样的遭遇，他们都不改爱国、敬业的本色，忠实履行自己的使命和职责。20世纪30年代也是如此，在当时的北大、清华、上海交大等高等学府和研究机构里，有着一批那样可敬的知识分子，叶企孙先生就是其中的一位。

当年，就是这位叶企孙教授，看到包括钱学森在内的这些胸有宏图、志在报国的青年，他从心里感到高兴和欣慰。他相信在一代又一代爱国、有志青年的不断努力下，中华一定能复兴，中国一定会强大！为了让钱学森出国之前对航空、飞机有些感性认识，多积累一些相关的专业知识，作为清华大学教授的叶企孙先生，积极安排，促成钱学森在出国留学前，先到清华大学的"航空工程组"去进修。

20世纪30年代，中国的航空事业刚刚起步，在钱学森考取留美公费生的当年，也就是1934年，清华大学才刚刚设立"航空工程组"。到欧美去学航空的，钱学森也只是中国即将派出的第二位留学生。

钱学森在清华大学进修时的两位导师，一位叫王助，一位叫王士卓。这"二王"都是非同一般的人。

王助，早年毕业于美国麻省理工学院，美国著名的波音公司创业伊始，便聘请王助做首任总设计师，波音公司获得的第一大笔利润，就是靠出售由王助设计的乙型水上飞机赚来的！1918年，王助回国。

王士卓，清华大学教授，中国航空工业的先驱者之一，历任航空机械学校教育长、大定航空发动机制造厂厂长、航空委员会驻美技术联络员等许多与航空相关的职务。

王助教导钱学森重视工程技术实践和制造工艺问题。依照清华关于留美学生的规定，钱学森在1934—1935年到杭州笕桥飞机厂实习，又到南京、南昌空军飞机修理厂见习，最后到北平参观清华大学并拜访导师王士卓。钱学森这次来北平，看到这座古城在没落，内心颇有感触。

在笕桥，钱学森这个立志从事航空、航天事业的年轻人，第一次真切地、近距离地看到了停在地上的飞机。

那架飞机不是中国人自己制造的，是从法国买来的。飞机的机型是布莱盖Bre-273侦察轰炸机。

笕桥实习结束后，钱学森又先后奔赴南京和南昌。

南京和南昌当时分别有一家飞机修理厂。钱学森看到了当时中国仅有的第二种飞机——寇蒂斯。一看名字就知道，

那也不是中国人自己制造的飞机。停在南京、南昌两家飞机修理厂的寇蒂斯，来到中国的"年岁"很大、"资格"很老，它们还是孙中山先生在世时主持购买的。孙中山先生在奔波革命的岁月里，曾到过世界上的许多个国家，总揽世界各国军事工业的发展。孙中山先生意识到了拥有飞机、拥有制空权的重要性，于是提出了"航空救国"的口号。可惜，直到1925年去世，他期待的中国航空事业，还没有见到一个雏形。

从杭州到南京，从南京到南昌，再到北平，从东到西，从南到北，钱学森还是第一次走过这么多的地方！

但那也仅是中华辽阔疆土的一小部分。钱学森切身感受到了祖国的广袤辽阔。自小便喜爱音乐、绘画的他，在将近一年见习、实习的各地辗转中，还额外地听到很多纯朴又优美的山歌，欣赏了特色鲜明的民间音乐，看到了一些从未见过的由当地人自己制作的民间乐器；而从此到彼、一程又一程领略到的风景，更是让他心旷神怡，几乎每一处风景都美得让人称奇，美得可以入画。祖国太大了，祖国太美了！想到即将漂洋过海、赴大洋彼岸的美国留学，这更增添了钱学森心中对祖国的眷恋之情。

1935年8月，钱学森在上海黄浦江码头，登上了前往美国的"杰克逊总统号"邮轮，开始了他的留学生涯。

他从祖国的大地出发，要到另一片十分遥远的大陆上去。

那里是当时科学技术最先进、制造工业最发达的地方，他要到那片陌生的大陆上去汲取知识，去增长智慧，去锻炼才干，去实践自己科学救国、实业救国的抱负。

第八章
用事实告诉美国人

光有良好的精神还不行，在今日世界没有知识、没有学问不行。

——钱学森书信《1983年12月29日致俞岩》

"杰克逊总统号"邮轮离开中国的东海，驶入公海。

陆地完全消失在视野中。

目光所及处，除了大海还是大海。

船头犁开翻卷的波涛，船尾拖着长长的浪线……

在茫茫的大海上一直行驶了20几天之后，"杰克逊总统号"邮轮才抵达了美国的西雅图。

陌生的国度，陌生的城市，陌生的人种，陌生的风情。钱学森顾不上细细地打量、领略那太多的陌生，便直奔自己将要就读的美国麻省理工学院。

麻省理工学院在一个叫波士顿的城市。

西雅图在美国的西海岸，波士顿在美国的东海岸，一西一东，钱学森在美国刚一落脚，便对这个很是牛气的"美利坚合众国"做了一次自西向东的大旅行。这回是在陆地上行进，比起刚刚结束的海上航行，不再那么单调和沉闷，一程接一程的陆路上，毕竟有不停变幻的景物。素有世界名牌大学之称、经常听知识界的人们谈起、自己也曾勾画过多次的麻省理工学院，到底是什么样子呢？钱学森出国前在清华大学实习时的两位导师，王助和王士卓，都是从麻省理工学院毕业的，上海交通大学是按照麻省理工学院的模式办学的，它到底有着怎样的魅力呢？

波士顿到了，麻省理工学院到了——

这所赫赫有名的大学，居然没有一个气派的主校门，中心校园面对的就是查尔斯河；赭红色的楼房，并不多么高大却显得沉稳庄重；古堡式的钟楼，带着些许中世纪的古意；绿茵茵的草坪，连缀起错落有致的花坛；校园里有很多粗大的老树，枝干遒劲地撑起如盖的绿荫，也有很多的小树，它们笔直向上，光鲜的叶子在风中舞动着勃勃的生机……

麻省理工学院不仅所处的环境幽美，四周的风景秀丽，里面的各种设施也相当好，布局科学、合理、适用。尤其是这里的教学气氛，让钱学森有"宾至如归"的感觉：虽然课业很重，但对学生的具体要求却不刻板，很宽松，提倡学习的自觉性、主动性和培养独立思考的能力。这些，正是钱学森欣赏的、喜欢的、得心应手的！而且他还发现，这里的课程设置、实验大纲，与他的大学母校上海交大非常相似，所以他一点儿也不感到生疏，用不着特意去适应，这使他的学习很快便进入了最佳状态。

更多的目光开始关注这位来自遥远的东方、中等身材、聪慧俊逸的中国留学生。

钱学森却没有更多的心思留意学习之外的事情。他不卑不亢、落落大方，礼貌、友好地对待每一位老师和同学，剩下的就是学习。

可也有让他不愉快的时候。尽管学习起来游刃有余，但生活上他却有些不习惯，特别是有些美国人瞧不起中国人的傲慢态度令他生气。

傲慢滋生的最主要土壤，是自负；而自负往往缘于无知。

无论是知识上的无知，还是经验、常识上的无知，还是因为缺乏了解导致的无知，都容易让人产生错觉，错误地自我感觉过好，错误地太拿自己当回事，错误地感到自己了不起，错误地小看他人……

光是无知还不可怕，如果知道自己很无知，于是谦逊地面对客观世界、面对他人，虚心地学习、补救，这样的人是很可爱的，也会很有成就。可怕的是一个人既无知，还缺乏教养，便会弄出很多可悲又可憎的言行。这种人哪儿都有，中国有，外国也有，美国更是不例外。

有一次，一个美国学生当着钱学森的面耻笑中国人抽鸦片、裹脚、愚昧无知等，钱学森立即向他挑战说："我们中国作为一个国家，是比你们美国落后；但作为个人，你们谁敢跟我比，到学期末了，看谁的成绩好！"美国人听了都伸舌头，再也不敢小瞧中国人了。钱学森就是这样怀着强烈的民族自尊心和自信心在这里学习。

钱学森不屑与那样的美国人做更多的争论，他要用事实说话，让事实告诉美国人，怎样看待中国才是正确的，怎样看待中国人才是恰当的。

一次有位教授出了一道很复杂的动力学题，大家都做不出来。一位中国留学生叶玄去请教钱学森，钱学森做了一个巧妙的转换，便将这一复杂运算变成一个简单的代数问题，此题便迎刃而解了。这位名叫叶玄的同学很多年后再次见到钱学森时，居然又问起这件事来，问钱学森当时怎么会想得那么机智、那么巧，钱学森淡然一笑说："那算不得什么，小技巧而已。"

将一个动力学方面的"复杂运算"，变成一个"简单的代数问题"，这就是创造力在学习中的具体运用，这就是创新！就像爱无论大小，都是一种善良，都是心灵高贵的表现，创新无论大小，都是一种宝贵的素质体现，都喻示着一个人未来发展更广阔的前景。

麻省理工学院在世界上的名气，不是宣传出来的，不是"秀"出来的，是靠它先进的教学理念，雄厚的教学实力，年复一年出的成果、出的人才，让大家公认的，仅先后有78位诺贝尔奖获得者在这里工作和学习这一项，就没有几所大学能与之媲美。而如此出成果、出人才的世界名牌大学，其教学必定是高水平、高标准的。越是高标准，越是严要求，越能显示出其中脱颖而出者的出类拔萃。一次，有位教授出了一份很难的考卷，全班大部分人不及格，这在学生中引起了很大的不满，大家认为这样的考试对他们不公平，这位教授在有意使他们难堪。经过讨论和酝酿，一部分学生决定去找

教授说理。钱学森静静地坐在一边，对于他们的讨论不屑一顾。当学生们来到教授的办公室门口时，却发现钱学森的试卷贴在门上。卷面用钢笔书写得工整清洁，每一道题都完成了，而且没有任何错误，没有任何圈改和涂抹的痕迹！前来评理的学生一下子泄了气，不敢再去找教授了。

就像在以往的胜出中表现得十分淡定、平和一样，钱学森为自己取得的成绩而感到欣喜，但从不自满。他老老实实地承认当时的美国是科学技术最为发达的国家，这里有很多东西需要他不断地学习，因此，所有的斩获都不能成为自己沾沾自喜的理由。"认知过程是无穷的，知识是无穷的。过程·历史·发展·前进，永无止境。我们现在知道的只是一小块，我们不知道的才是大海！"学习是一个没有终点的过程，已经取得的都是历史，他的目光注视着发展，他关心的是如何更大踏步地前进，他知道在探解科学奥秘的求知之路上，永无止境。正因为钱学森有着这样的认识、这样的境界，他才能不仅"怀着一颗强烈的民族自尊心"，更"怀着一颗强烈的民族自信心"——自尊是需要捍卫的，捍卫它的就是本事、才干和实力。

让小瞧中国人的某些美国学生目瞪口呆的还在后头呢！

钱学森到美国麻省理工学院的第一个目标，是攻读硕士学位。不要说在麻省理工学院这样的世界名牌大学，就是在一所普通高校，通常读完硕士、拿到硕士学位，也要3年。钱学森却跨越式地走完了这一程，经过努力，他只用一年时间，就拿下了航空硕士学位，而且成绩不但比美国学生好，还比同班的其他外国人都好。

钱学森用自己的成绩，用自己的出色，用有目共睹的事实，给傲慢的美国学生上了有声有色、以理服人的一课：中华民族是一个勤劳、智慧的民族。像钱学森这样的中国人，不仅极其聪明、才华横溢，而且气度不凡、雍容优雅，令人尊敬！

第九章
抢占科学制高点

> 我总记得前王任重全国政协副主席讲过的一句话:"共产党员嘛,不能只想到5年、15年,要考虑50年、100年!"他教导我们要有远见!
>
> ——钱学森书信《1995年3月17日致李振声》

在课堂、书本上学过之后,再去相关的工厂、机构实习,是每个工程技术学生都要经历的必修课。麻省理工学院对这一环节更是极为重视。

没想到在这一环节中,钱学森遭遇了挫折。

美国规定：它的飞机制造厂，只允许美国的学生去实习，不接纳外国学生。

身在异国他乡、年仅25岁的钱学森，面对如此的"突然袭击"，没有手足无措，更没有怨天尤人、萎靡不振。他冷静地面对现实，沉着、深入地分析和思考。最后，他就像一个镇定自若的将军那样，根据"敌情"和战场态势，及时调整进军路线和进攻目标，果断地决定：再次改变专业方向！

钱学森自己的一个更深层的考虑是，他并不满足于只做一名工程师，还希望学到高深的理论知识，站到科学的最前沿，成为一名既有雄厚理论基础的科学家，又有丰富实践经验的工程师。麻省理工学院在当时还不能满足他的要求。所以一年后，他开始转向航空工程理论，即应用力学的学习。他决定追随当时在加州理工学院（CIT）世界著名的力学大师T.冯·卡门教授。

理论来自实践，又反过来指导和推动实践。科学在理论上论证了某种发展趋势，指出了某种"可能性"之后，再由人们经过反复的"试错"，于是，新的发明成果出现了，新的技术进步实现了。在今天，总是要认识客观世界在先，然后才能改造客观世界。是先有科学革命，后来才由此发展出技术革命。

几十年后，作为一位世界闻名的杰出科学家，在参与决策新中国国防建设、科学发展战略等诸多重大事项中，钱学森先生表现出的高瞻远瞩、远见卓识，是有目共睹的。熟悉、了解他的人并不吃惊，因为钱学森在青年时代，从踏上科学之路的那天起，便显现出一种可贵的禀赋，即不但在具体的"战术"上有过人的技能，而且在整体、宏观的"战略"上，也有非同一般的洞察能力。有科学、全面、准确的洞察，自然就会有客观、正确的判断，有别开生面的见识，有远大的目光！

1936年，对于早就有"更深层考虑"的钱学森来说，不许他到飞机制造厂实习的挫折，反而加快了他去抢占航空理论制高点的步伐！

当时世界航空的最前沿、航空理论的制高点，在加州理工学院。

而加州理工学院最吸引钱学森的，便是在那里工作的冯·卡门——世界航空理论研究领域的最高权威。

冯·卡门（1881—1963），犹太人，他的祖国是匈牙利。人类航空史上许多引人注目的重大发明、创造，如齐柏林飞艇、风洞、滑翔机和火箭等，所有模拟飞行、实际飞行的成功，都与"冯·卡门"这个名字有着密切的关系。冯·卡门

1906年到德国的哥廷根大学深造，第一次世界大战期间，他设计制造了世界上最早的系留式直升机。本来，冯·卡门是有可能一生都生活在德国，把他所有的智慧都贡献给德国的；可惜，当时的德国没这个幸运。1936年，冯·卡门加入美国国籍。冯·卡门在入籍美国之后，从理论上阐明了人类实现超音速飞行的可能性，并主持成功研制了第一架超音速飞机，成为"超音速时代之父"。

钱学森写信，将自己的决定告诉父亲。钱学森很快收到了父亲的回信。父亲钱均夫对他由航天工程改学航空理论的选择大不以为然，明确表示反对，并在信中写道："重理论而轻实际，多议论而乏行动，是中国积弱不振的一大原因。国家已到祸燃眉睫的重要关头，望吾儿以国家需要为念，在航空工程上深造钻研……"他希望儿子能学成归来，多造飞机，抗击日寇，报效祖国。钱学森知道自己的选择是正确的，父亲如果了解了全部的情况，了解了他的深思熟虑和全面的分析思考，也会赞同他的选择，因为他正是以"国家需要为念"，才做出专业转向决定的。可怎么才能让父亲了解更多的情况、现状以及未来航空领域的发展趋势呢？怎样做父亲的工作呢？

这时，一个重要的人物及时出现了，他就是钱均夫先生的好友蒋百里。

这一年，蒋百里偕家人到欧美国家考察，其主要任务是了解有关国家对德国、意大利、日本日益暴露的侵略野心和侵略行为所导致的后果的看法，以及可能采取的对策。在办完欧洲的事务之后，他又转道美洲来到美国。下榻酒店后，他迅速安排时间来加州看望钱学森。他与钱学森进行了一次倾心畅怀的长谈。交谈中，蒋百里惊喜地发现，钱学森到美国一年多的时间，进步很快。他感到这个年轻人考虑问题的思路十分宽，而且站得高、看得远。他在决定做什么事的时候，均经过深思熟虑，知道为何要这么做，应该如何去做。这个年轻人考虑问题的深刻和周密，已经远远地超过了他的同龄人！

听完钱学森的叙说，蒋百里不但觉得钱学森的说法非常有道理，而且突然感到这个年轻人志向远大，将来前途不可限量！

蒋百里对钱学森说："你的想法是对的，我非常赞同。你只管在这里好好求学，你父亲心中的疑虑，相信我会说服他的。"

蒋百里回到国内，与钱均夫见面交流之后，钱均夫先生之前所有的疑虑和担心，全都烟消云散，取而代之的是欣慰

和高兴！

这时的钱均夫想不到，以后蒋百里会和他成为亲家；钱学森更不会想到，以后蒋百里会成为他的岳父。

1936年10月，钱学森从美国的东北来到美国的西南，从波士顿来到帕萨迪纳市——加州理工学院的所在地。帕萨迪纳就在"好莱坞"的故乡——洛杉矶市的郊区，它风光秀丽、景色迷人，既有洛杉矶具备的各种优点，又不像洛杉矶那样喧闹嘈杂，是著名的疗养胜地和文化名城。那些地中海式的建筑，红墙白瓦、风格别致，小城到处鲜花簇簇、玫瑰飘香，葱郁茂盛的棕榈树，或点缀在草坪、花坛之间，或整齐成行地排列在街道两旁……

美丽的帕萨迪纳，拥抱着前来求学的钱学森。

多年以后，冯·卡门特地在他的回忆录中记述了钱学森前去拜访他时的情景："1936年，他到我这里来，就将来的深造问题请我指点，这是我们第一次见面。这个年轻人个子不高，带着认真的神情，回答我的问题时精确得非同寻常。我立刻被他的聪慧和敏捷打动了，于是建议他到加州理工学院深造。钱学森同意了我的意见。"

进入加州理工学院后的钱学森作为冯·卡门的学生，开始攻读博士学位，课题是高速飞行的空气动力学研究。

高速空气动力学，是当时航空研究领域的尖端课题。

这就是钱学森的风格：要研究就研究最先进、最前沿、最尖端的！越是具有挑战性，越是能让他激情洋溢、斗志昂扬，越是高、精、尖，越能让他全身心地投入并在其中感到无比的快乐和充实。

钱学森在加州理工学院从第一个学期起，便表现出令人吃惊的才华。他学习勤奋、成绩优异，在课堂上总能机敏地提出一些深刻又复杂的问题。他的表现既让师颜大悦，又让其他同学感到困惑不解。卡门曾经回忆说："我记得物理系的大理论家保罗·S·爱泼斯坦教授有一次对我说：'你的学生钱学森在我的一个班上，很出色。''是啊，他不错。'我回答说。'告诉我，'爱泼斯坦挤挤眼睛说，'您觉得他是不是有犹太血统？'显然，在爱泼斯坦的心目中，只有犹太学生才是最勤奋、最聪明的。"

钱学森先生在他一生的各个时期，谈到自己美国留学时的恩师冯·卡门时，总是满怀深情。冯·卡门教授教给钱学森从工程实践中提取理论研究对象的原则，也教给他如何把理论应用到工程实践中去的方法。冯·卡门教授每周主持召开一次讨论会和一次学术研讨会。这些活动强调学术民主，不论专家权威，还是普通的研究生，大家一律平等，都能畅所欲言，发表自己的学术论点。这给年轻的钱学森提供了锻炼创造性思维的良好机会。

几年时间，儒雅俊逸的青年钱学森，无论是在冯·卡门的眼里和心目中，还是在具体的实际位置上，都已不再仅是个硕士生，他已与自己的导师、鼎鼎大名的冯·卡门成了助手和同事的关系。冯·卡门在回忆录中这样写道："起初，他跟我一起研究一些数学问题。我发觉他的想象力非常丰富，既富有数学才华，又具备将自然现象化为物理模型的高超能力，并且能把两者有效地结合起来。他还是个年轻学生，已经在不少艰深的命题上协助我廓清了一些概念。我感到这种天资是少见的，因此，我们便成了亲密的同事。"

世界大师冯·卡门说钱学森是他亲密的同事。

1939年6月，钱学森结束了博士论文工作，论文为《高速气动力学问题的研究》等3篇。他获得了航空、数学博士学位，并开始任加州理工学院航空系的助理研究员。

这时，钱学森开始与冯·卡门联名发表论文。

对于钱学森来说，冯·卡门是地道的前辈。冯·卡门比钱学森整整年长30岁。冯·卡门没有任何的政治成见和种族偏见，有的只是一位科学大师应有的胸怀。当时冯·卡门的另一位美国学生——后来钱学森的同事、加州理工学院教授弗兰克·马布尔说："钱是卡门最优秀的助手，每当你看到他们在一起，你就会看到创造。"

在钱学森与冯·卡门共同进行的"可压缩流动边界层"这一课题的研究中，他们师生二人创造出了著名的近似方程法，这一计算理论后来以冯·卡门和钱学森的姓氏共同命名，即世界航天工程理论中著名的"卡门—钱近似方法"，也称"卡门—钱学森公式"。在整个第二次世界大战中，以及第二次世界大战后相当长的时期，在计算机出现之前、没有现代计算手段的漫长时期里，飞机翼型的设计、飞机翼型上种种复杂受力问题的计算，全世界采用的都是"卡门—钱近似方法"。它已经被收录在全世界流体力学的教科书里。这一科学成就，使钱学森在28岁时就成为世界知名的空气动力学家。

第十章
蓝天上的强国梦

在30年代到40年代，我搞过应用力学，那时我在一个航空系，其目的是改进飞机的性能。

也是为了提高飞行器的速度，才转而搞火箭。火箭出来了，成为导弹，导弹要自动控制，我又转开搞工程控制论。后来导弹的研制工作规模变得更大，组织管理非常复杂，我又转而搞系统工程。

——钱学森书信《1985年6月3日致王德林》

大自然的各种奥秘之间，存在着千丝万

缕的联系。

同样，探解大自然奥秘的各种知识、学问之间，也存在着或显或隐、或直接或间接的关系。

丰富、充沛的营养，才能培育出健壮的生命。

厚重、肥沃的土壤，才能长得出参天的大树。

钱学森在加州理工学院攻读博士期间，他像从小对大千世界充满好奇心和求知欲那样，像中学时代广泛涉猎、全面发展那样，像在上海交通大学读书时将探索的触角伸向诸多知识领域那样，绝不是"单打一"，绝不是只学一门、只攻一门。

他是航空系的博士研究生，却也去听物理系的课，了解、掌握物理学界最前沿的学术成果、科研动向，诸如原子、原子核理论、核技术……甚至当时还处于大胆设想阶段的原子弹，都在他的视野之中；他到化学系去听诺贝尔奖获得者、化学系主任L.鲍林教授讲结构化学；就是表面看来与他的所学和研究对象毫不搭界的生物课程，他也关注，他到生物系去听摩根教授讲遗传学……

当然，对其主攻的专业，钱学森更是舍得付出辛勤的汗水和劳动。他遍阅空气动力学的文献资料，还对相关的现代数学、偏微分方程、原子物理、量子力学、统计力学、相对论、分子结构、量子化学等学科理论进行了潜心的研究……苦战三年之后，钱学森不仅掌握了这门学科的基本知识，而且已经站到了最前沿。

冯·卡门教授对钱学森的欣赏和喜欢日益增长。来自礼仪之邦、从小便受到中国传统美德教育和熏陶的钱学森，一直对冯·卡门尊敬有加地行弟子之礼。冯·卡门在他的回忆录中写道："他一直对我很尊敬，虽然我们已经成为挚友，但他还是按中国的传统方式称我为'尊敬的老师'。在中国，这个称呼大概是对别人的最佳赞词了。"

钱学森涉足的领域、从事的研究，都是专业性极强的前沿性科学技术问题，一般人别说懂，就是听也没听过。

进入加州理工学院的第二年，钱学森结识了一位早他两年到加州理工学院学习的同学，名叫F. J.马林纳。马林纳组织了一个业余小组，进行火箭研究。在当时没有多少人对火箭、火箭研究有兴趣，更没有人对马林纳的那个小组有什么感觉，而钱学森却毅然参与进去——他成为美国最早的、纯民间的5人"火箭小组"成员之一。

马林纳诚邀钱学森加盟"火箭小组"，看中的就是钱学森在科学理论上的建树。钱学森在晚年回忆说："马林纳这个人很聪明，小组的其他人动手能力也强，但他们理论上还不怎么样，于是找到我，要我帮助他们解决一些理论计算问题。"
钱学森对火箭研究的文献进行了调研和分析计算，于1937年
5月29日向小组提供了一份研究报告，解决了火箭设计中遇
到的几个理论问题。报告的内容包括：燃烧室中的温度、火
箭的理想效率、燃烧产物膨胀不足和过度膨胀对火箭效率的
影响、燃烧喷咀设计、发动机推力的计算等。这份报告被收
进他们的火箭研究课题选集，该选集被小组成员视为"圣
经"。

在钱学森提供报告一个月后，火箭小组的科学探索得到
了冯·卡门教授的支持，他们获准使用学校实验室里的设备
进行试验。可是，火箭小组不仅在试验中多次失败，还时常
弄出一些大小事故，弄得烟熏火燎，腐蚀性、污染性气体弥
漫校园……在一次爆炸中，马林纳还差点儿丧生。于是，火
箭小组不但被人称为"自杀俱乐部"，还被下了"逐客令"——
加州理工学院不再允许他们在校园内搞试验。

5人小组没有因为这样的挫折和打击而止步、动摇，更
没有像有人估计的那样解散，他们将苦心弄到手的几台设备
搬出校园，搬到了一个名叫阿洛约·塞科的山谷。那里距加
州理工学院有几英里远，再也不会"污染"校园，也没人能
够发现他们了。火箭小组便在那个山谷展开了新一轮的研究、

试验……

若干年后，在阿洛约·塞科的山谷，当年"火箭小组"从事试验的地方，建成了美国著名的喷气推进实验中心，而这个喷气推进实验中心，就是美国火箭的摇篮！

在这期间，世界局势发生了剧烈变化。在东方，日本紧锣密鼓地策划着全面侵华的阴谋；在西方，法西斯德国野心勃勃，企图吞并欧洲乃至全世界的军事部署已经基本完成。战争就像激素，刺激着所有与军事相关行业的大投入，以设计、制造飞机为主的航空工业首当其冲。于是航空制造业呈现出突飞猛进的发展态势，而尤其让爱好和平的人们担心的，德国在军用飞机的数量、性能等方面，已经大有领先世界的趋势，其中的一个重要原因，是德国拥有一批掌握先进航空、航天理论的出类拔萃的科学家。

航空领域这种有点儿令人猝不及防的变化，进一步证明了钱学森当初毅然决定专业转向的正确。

面对如此挑战，钱学森却很有底气。因为他早就做出了这样的分析、判断：航空理论将日益成为主宰航空实践成效的关键。

聪明智慧再加上刻苦勤奋，必然会让一个人在他所从事的研究中、他所孜孜以求的事业中，收获丰硕的果实。20世纪30—40年代，是国际航空工业飞速发展的时代。同时，与飞机设计相关的空气动力学理论也在这一时期得到迅速发展和完善，使得飞机设计工作逐步摆脱了过去那种纯经验型模式，并建立在可靠的理论基础上。在这一历史性发展中，钱学森做出了许多开创性贡献。他这个时期的工作涉及航空领域的许多方面，包括亚音速、高超音速和稀薄气体动力学、固体力学，特别是壳体的非线性稳定性问题等。

也就在这一时期，世界局势急剧恶化。

在中国，1937年7月7日夜，"卢沟桥事变"爆发。日本帝国主义撕下伪装，开始了对中国的全面侵略。

在欧洲，1939年9月1日凌晨，德国突然出动58个师、2800辆坦克、2000架飞机和6000门大炮，以"闪电战"的方式向波兰发起进攻；9月3日，英、法两国被迫对德宣战；这时的美国为了两头卖军火、发战争财，发表了《中立宣言》。

1941年12月7日，日本不宣而战，偷袭了美国海军太平洋舰队在夏威夷的重要军事基地珍珠港，让从未吃过亏的美国遭受到自它建国以来最沉重的打击。这回美国再也不中立了，它对日宣战。"轴心国"（德、意、日为首）和"同盟国"（美、苏、英、中为核心）两大阵营，开始了第二次世界大战的殊死较量。

决定战争胜负的重要因素，是武器、装备、军事实力。美国非常急迫地研制对付法西斯的武器、装备，因为有情报显示，德国早已开始研制更为先进的、类似于"飞弹"和"火箭"的打击武器。于是美国政府开始格外"关照"当初那个小小的"火箭俱乐部"，不惜重金加大对研制"飞弹"（即导弹）和火箭的投入。美国当时的总统罗斯福拨款几十亿美元，通通用于美国的军事科研，其目的就是要在武器、装备、军事实力上超过德国。

美国开始变得谦恭起来。它清楚，研制尖端的武器、装备，光有钱还是远远不够的，关键是要有人，有学识渊博、功底深厚、掌握最先进科学理论和实验方法的人才！

美国政府开始对钱学森鞠躬、施礼、分外客气，大开绿灯——

当年挑头搞"火箭小组"的马林纳，就像钱学森说的那样，非常聪明，他看美国政府急需火箭、喷气技术，便决定做美国政府的生意，赚美国政府的钱。他在冯·卡门教授的支持下，发起成立了一个"航空喷气公司"，接的都是美国空军、作战部、兵工局的订单，专门为美国设计、制造最新式的武器。冯·卡门教授任公司的总经理，马林纳任司库（类似于财务总监），钱学森是该公司的顾问。

高科技的武器装备，是不能自己在战场上给敌方以猛烈打击的，它们还需要懂得相应高科技知识的军人使用。于是，美国军方委托加州理工学院举办火箭和喷气技术训练班，负责对美国空军、海军中现役军官进行培训。美国聘请钱学森担任这个非同小可的特别培训班的教员。

1942年12月，美国政府的有关部门批准，陆、海、空三军，国防部，科学研究发展局的所有军事机密工作，对中国学者钱学森全部敞开！

在培训美国现役军官的那段日子里，钱学森从另一个侧面表现出他非同一般的才能和素质。一些学生回忆说："钱当时教的两门主要课程是工程数学和喷气推进理论。他对教学工作尽心尽责，黑板上总是写满数学公式，逻辑严密，书写工整，从不出错，甚至连个符号都不错。在讲课结束时，他总能告诉你正确结论。"而且，学生们发现，他讲的内容比教科书上多得多，也好得多，说明他比教科书上的作者博学多了。一次他给学生们补习流体动力学问题，整整讲了15个小时，却分文不收。

在那个年代接受过"航空喷气通用公司"培训、给钱学森当学生的很多人，后来都成了美国陆、海、空各军种中的高级军官，几十年后，他们依然对钱学森记忆犹新。中国改

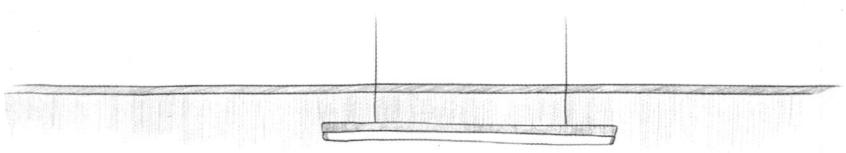

革开放后，他们中有的人随来华访问的美国代表团到中国时，还在打听他们当年的老师——钱学森先生。

美国当时是反法西斯阵营里的中坚力量，美国当时从事的是打击法西斯、捍卫人类尊严的正义事业，美国当时的先进武器、新式武器，是用在消灭法西斯的战争中，包括用于打击在中国的土地上烧杀奸淫、无恶不作的日寇上，因此，钱学森心甘情愿地投身其中，并在很多时候不计报酬地多工作、多奉献。

促使钱学森当时自觉自愿为美国军事工业付出智慧、辛苦和汗水的另一个重要原因，是他深知，美国不但是经济大国，同时又是科技大国、军事大国，它的科学技术水平是最高的，它的军事工业也是最为先进的；如果不是二战的战火在世界各地猛烈燃烧，如果不是美利坚也遭受到损失和威胁，如果不是美国急需军事科学方面的尖端人才，他们是不会让一个中国科学家介入美国机密军事研究领域的！从某种意义上说，美国无论出于何种考虑，能让钱学森进入它们的核心机密领域从事研发工作，对钱学森来说，就是一个千载难逢的好机会！钱学森大学毕业时放弃学了4年的铁道工程、蒸汽机车设计，出国留学改学航空工程，就是为了让祖国拥有一个强大的空军；从麻省理工学院硕士毕业后，又从航空工程转向航空理论，同样是因为希望有一天，自己的祖国也能拥有世界一流的国防力量，拥有世界上最先进、最尖端的武器、装备。他忘不了1932年日本侵略者进攻上海时，那些日本飞机在上海的天空上肆虐横行的情景，忘不了商务印书馆、东方图书馆遭到野蛮轰炸后腾起的冲天大火和滚滚浓烟，忘不了在日本飞机轰炸中倒塌的数万间商铺、学校、民房，忘不了那些在日本飞机轰炸中家破人亡、流离失所的平民百姓！

在第二次世界大战期间，钱学森通过帮助美国提升军事实力，将自己学到的知识，将自己的聪明才智和创造性，贡献给了人类的反法西斯正义事业，同时也在这一过程中，合理地利用了美国这个经济、科技大国为他提供的机遇与条件，丰富、锻炼、提高着自己日后为祖国服务的大本事和大能力！钱学森为美国研究、开发先进的军事技术，同时也是在为自己他日报效祖国积蓄宝贵的经验和智慧。钱学森在美国的国土上，参与研制美国的飞机、导弹、火箭，心里经常想的却是祖国的蓝天，祖国辽阔美丽的疆土；而那辽阔美丽的疆土，那哺育过东方中华文明的大好河山，是需要强大的国防去守护、捍卫的！他在踏踏实实工作的每一天，心中都萦绕着一个蓝天上的强国梦……

飞机起飞时，先要在地面的跑道上滑行很长的距离；当滑行达到一定速度之后，才能脱离地面，飞上天空。滑行的距离越长，用时越多，起飞也就越慢。1941年，在第二次世界大战进入白热化的关键时刻，钱学森创造性地提出并实现了一种火箭助推起飞装置（JATO）。这种装置的成功研制，缩短了飞机起飞时在跑道上滑行的距离，使起飞速度大大提高。在整个二战期间，美国空军一直都在应用这种火箭助推起飞装置。

1943年，钱学森与马林纳合作，完成《远程火箭的评论与初步分析》的研究报告，为美国20世纪40年代的导弹和探空火箭奠定了理念基础。

1944年，钱学森参与美国最初导弹"女兵下士"的设计，全面负责提供相关的理论支撑。正是由于钱学森经过大量深入研究，提出了"逐次脉冲推进"的理论，使原来只能达到1万英尺高度的火箭，升高能力提高10倍，达到10万英尺，从而满足了火箭探测宇宙空间的要求。

1945年，冯·卡门教授被美国国防部聘为"美国空军咨询团"团长，钱学森是这个咨询团的成员之一，他参与为美国空军提供远景发展规划等重大而机密的工作，获得很多宝贵的实践经验和理论启示。

德国战败后，美国为了将二战中德国导弹、火箭技术拿到手，派以冯·卡门为团长的咨询团赴欧洲考察，钱学森随之同行。在德国，他们获得了大量纳粹德国战时从事火箭研究的情报和资料，钱学森幸运地饱览了那些宝贵的情报和资料！他还传奇般地与冯·卡门教授一起，审问过战时为纳粹服务过的德国火箭专家冯·布劳恩、鲁道夫·赫尔曼、L.普朗特。尤其值得一提的是普朗特，他曾是冯·卡门的老师！

普朗特——冯·卡门——钱学森，三代著名的科学家，以一种特殊的方式聚会了！

这些经历，极大地丰富了钱学森。考察结束后的多份专业技术报告，都是由钱学森亲自撰写的。这些报告以书籍和论文的形式出版、发表后，在科学界产生了很大的反响，并奠定了钱学森在力学和喷气推进领域的领先地位，使他成为当时有名的青年优秀科学家。同时，加州理工学院提升他为副教授。在此期间，他还为美国空军技术后勤司令部编著了一本内部教材：《喷气推进》。这是美国第一部（也是世界第一部）全面和系统地论述火箭与喷气推进科学技术的专著。

1947年，36岁的钱学森成为麻省理工学院的正教授。同年，他回国探亲，与留学欧洲归来的女高音声乐家蒋英结婚。蒋英，即著名军事理论家蒋百里先生的女儿。

蒋百里与钱学森的父亲钱均夫，自青年时代就是好朋友；

而钱学森先生与蒋英，少小的时候就认识，对音乐的共司爱好使他们终于走到了一起。

1949年，钱学森又回到加州理工学院任教，成为终生受聘的"戈达德教授"，并被任命为著名的喷气实验室主任。

他在国外奠定的这些雄厚的理念知识和工程设计经验，成为他回国以后在技术上全面领导我国火箭导弹和航天事业的基础。钱学森在美国从他所从事的航空和火箭导弹的研究中得到启示，认为航空发动机实为一高效的化学反应器。他为此专门设计计算了用燃气来生产一氧化碳和其他化工产品的方案。由此可见，钱学森早年的专业特长虽属航空和火箭导弹等军事科技领域，但他那时就注意到这些尖端科技有可能转为民用，从而推动民用工业以至整个国民经济的发展。他回国后在广泛的科技经济领域发表了许多精辟的见解，是与那时的思想和学术基础一脉相承的。他将风洞原理用于风车发电是这方面的另一个典型事例。他在这项研究的实例计算中，所选取的高度从海平面起到海拔8千米以上，这正是他的祖国的自然条件，其爱国之情跃然纸上。

第十一章
风云激荡

> 我是1911年生的，您可能比我
> 年轻20多岁。但在50年代前半叶，
> 我和您都在同一场战争的两个不同
> 战场作战；您在朝鲜战场，我在美
> 国！我之所以能归回祖国，有您战
> 斗的一份功劳，所以我在今天还要
> 向您表示敬意！表示感谢！
> ——钱学森书信《1989年2月5
> 日致朱长乐》

这是钱学森先生给当时浙江省科协党组
书记朱长乐同志的一封回信。朱长乐参加过
抗美援朝，当他和志愿军战友们一起，在炮

火连天的战场上与美帝国主义及其追随者浴血奋战时，钱学森先生正在大洋彼岸的另一个特殊战场上，为维护自己的权利和祖国的尊严，为争取早日回到祖国，同美国的反动势力做着不屈不挠的斗争！

1948年，中国共产党领导下的人民解放战争取得了决定性的胜利，全国解放在即。钱学森先生便加紧了回国的准备。为此，他申请退出美国空军咨询团，辞去美国海军炮火研究所顾问的职务。

1949年，钱学森先生终于如愿以偿，脱离了美国的上述两个重要部门。

钱学森先生要回去报效祖国的想法是由来已久的。后来他曾回顾说："我从1935年去美国，1955年回国，在美国待了20年。前三四年是学习，后十几年是工作，所有这一切都是在做准备，为的是日后回到祖国能为人民做点儿事。我这么说是有根据的。因为在美国，一个人参加工作，总要把他的一部分收入存入保险公司，以备晚年退休之后用。在美国期间，有人好几次问我存了保险金没有，我说一块美元也不存。他们感到奇怪。其实没什么奇怪的，因为我是中国人，根本不打算在美国住一辈子。"二战期间，由于战时需要，航空喷气公司的合同、订单接连不断，大笔的金钱滚滚而来，公司上市的股票也天天攀升，任该公司总经理的冯·卡门教授和任司库的马林纳，退休后仅是依靠航空喷气公司的原始股，便过着富裕的生活。钱学森一开始就被聘为该公司的顾问，马林纳作为好友，曾极力劝说钱学森参与公司的股权，均被钱学森婉言谢绝。他当然不知道，在钱学森心里，早已拿定主意，决不在美国待一辈子，因此也不愿发这一笔"洋财"。

中国共产党也一直在以致信、带话等各种方式，殷切地召唤钱学森。中华人民共和国成立了，中国人民从此站立起来了，中华民族遭受列强侵略和欺侮的日子一去不复返了！钱学森归心似箭……

1950年6月25日，朝鲜战争爆发，战火很快便烧到了鸭绿江边，烧到了刚刚成立的新中国的家门口。毛主席发出抗美援朝、保家卫国的号召，10月份，中国人民志愿军陆续浩浩荡荡地开赴朝鲜前线，与朝鲜人民军一起，为把美国军队及其操纵下的"联合国军"赶出朝鲜英勇作战。美利坚合众国与中华人民共和国，成了交战的敌对国。

这时，反共、排外的"麦卡锡主义"在美国盛行。加州理工学院和钱学森，也都未能幸免。1950年6月，美国联邦调查局的人来到钱学森的办公室。20世纪30年代，钱学森由马林纳介绍，曾参加过当时加州理工学院的马列主义学习小组，结识了该小组的书记、化学物理助理研究员 S.威因鲍姆。这时马林纳已逃到法国，威因鲍姆被捕入狱，于是怀疑落到钱学森头上。钱学森义正词严地驳斥了联邦调查局对他的所有指控，也绝不肯按他们的要求构陷 S.威因鲍姆是共产党员。当年联邦调查局的报告这样写道："钱学森说，作为一名科学家，他只能根据事实来判断一个人的价值或忠诚，这些模糊的事实无法确认一个人的忠诚或政治信仰，据此，他无法对别人进行臆测。"钱学森的强硬态度使美国当局甚为恼火。

1950 年 7 月，美国吊销了钱学森参加机密研究的证件。

一个为美国的军事科学做出过巨大贡献的科学家，却受到美国联邦调查局如此无端的指控，钱学森感到非常愤慨，他的自尊心受到严重伤害，马上打理行装，购买船票，准备以"回国探亲"的名义离境，并从此一去不回。

美国当局的高层深知钱学森的价值，当美国五角大楼海军部的副部长金布尔得到钱学森要回国的信息后，立即给司法部打电话，急如星火地说："绝不能放钱学森走！他太有价值了！无论他到哪里，都抵得上 5 个师的兵力！"

于是，为了不让钱学森离开美国，各种莫须有的罪名和指控接踵而至。海关扣压了钱学森所有要托运回国的行李，说在其中发现了大量笔记、图表，都是重要的技术情报，污蔑他企图携带"机密资料"出境，并且别有用心地向媒体暗示：钱学森是新中国的"红色间谍"。类似的消息很快便铺天盖地地出现在美国的各大报纸上……

钱学森先生不仅是一个光明磊落的人，又是一个非常明智、理性的人，即便他非常想把一些重要的资料带回国去，他也不会做违背法律、授人以柄的事，因此，在打点行李时，他细心地将所有可能涉密的资料、文件都清理出来，然后整理好锁进一个专门的保险柜里，并且将钥匙亲手交到加州理工学院航空系主任克拉克·米尼肯教授的手中。也就是说，钱学森先生光明磊落、清清白白，没做任何有违美国法律的事。可"欲加之罪，何患无辞"，当钱学森先生带领全家即将离开时，美国移民归化局的总稽查朱尔，奉命截住钱学森，向他宣布了由司法部驻移民归化局的执行法官兰敦签署的命令：不准钱学森离开美国。

1950年9月7日，美国司法部软禁了钱学森！对他的指控是：隐瞒共产党员的身份。

而事实上，那时的钱学森根本没有加入中国共产党。

中国政府向全世界发表公开声明：严厉谴责美国政府对钱学森的迫害、拘禁！

美国有麦卡锡，有颠倒黑白、诬陷造谣、为达目的不择手段的政客，美国也有很多正派的普通公民和正义的著名人士。冯·卡门教授不惧风险，毅然联络各界多位知名人士向移民局提交抗议，呼吁立即释放钱学森。

加州理工学院的同事们听说钱学森被捕，极为震惊，他们都不相信罗列在这位正直科学家头上的罪名，并冒着风险，向蒋英伸出援助之手。校长李·杜布里奇去华盛顿为钱学森说情，弗兰克·马布尔让妻子奥拉代蒋英在家照看孩子，而弗兰克本人则开着车带蒋英去寻找为钱学森辩护的律师。朋友们很快打听到钱学森被关在洛杉矶以南一个叫特米诺岛的联邦调查局的监狱里。经过努力，蒋英被允许探监，还是弗兰克为她开车。

那位倾心相助的弗兰克，一直惦记和怀念钱学森。钱学森当年写的论文、做的笔记、大量手稿，散落在加州理工学院多个办公室、很多个抽屉里。弗兰克将那些属于钱学森的学术资料全都搜集起来。弗兰克回忆说："我把它们非常仔细地保存起来，到最后我搜集了两个大文件柜，钱学森先生的所有笔记和手稿都在这里。"1982年，弗兰克教授来中国访问时，将那些他保存多年的钱学森先生的笔记和手稿，都归还给钱学森先生。现在，那些珍贵的笔记、手稿等，都完好地保存在中国科学院力学研究所。

假的就是假的，美国当局找不到任何钱学森先生是"共产党"、是"间谍"的证据。无罪释放吧，等于打自己的脸；不释放吧，等于承认自己就是个流氓国家。于是，美国的一些反动政客采用含糊其词的手段，用所谓"保释"的方式允许钱学森先生出狱，并且开出天价的保释金数额——1万5千美元！当时，绑架案的赎金一般才1千到两千美元。

倒行逆施是不得人心的，世界很多科学家声援钱学森先生，美国更是有一批科学家、教授、社会名流挺身而出予以援助。15天后，钱学森先生保释出狱。

出狱后他仍无人身自由，在美国羁绊达5年之久。联邦调查局和移民局根据麦卡锡法案，继续对他进行监视和跟踪。按规定每个月他必须去移民局报到一次，以证明他没有逃离美国。而且圈定他的活动范围只能在洛杉矶，越雷池一步，都要向移民局申报。

联邦调查局的特务日夜监视着他，监听他的电话，拆检他的信件。他们还不时打来电话，或假装找人走错了门来核查他是否确在，经常对他家进行骚扰，使他不能安心工作和休息。一次，一个联邦调查局的特务敲开了钱家的门，他一看见钱学森，便立即表示歉意："啊，对不起，先生，我找错门了。"钱学森冷冷地说："你没有错，先生，我在家好好的，

你大可放心了。"他刚转身要走，钱学森又说："我想，干你们这一行的，应该学得聪明一些，怎么能用欺骗小孩子的办法来对付一位教授？"特务满脸羞愧，匆匆而去。

与此同时，在激战的朝鲜战场上，根本没把中国放在眼里的美国当局，接连遭到中国人民志愿军的沉重打击，损兵折将。美国在朝鲜战场上的总司令换了三次：麦克阿瑟、李奇微、克拉克。美国政府意识到了问题的严重，总统杜鲁门的口气日益和缓，调门越来越低；美国在朝鲜战场上的指挥官也不再口出狂言、耀武扬威，而是一次又一次地坐到停战的谈判桌前。美国痛彻肌肤地领教了中国的厉害、中国人民的不可欺侮！经多轮谈判之后，1953年7月27日，在朝鲜半岛"三八线"附近的板门店，美国及其"联合国军"的代表终于与中、朝签署了最后的停战协议，朝鲜战争结束。

这就是钱学森给朱长乐信中说的："我和您都在同一场战争的两个不同战场作战；您在朝鲜战场，我在美国！"

1954年，钱学森的英文版《工程控制论》问世。这部学术巨著一出版，立即引起全世界科学界的广泛注意，先后被译成德、法、俄、中等多种文字出版发行。

1955年7月31日，中国政府释放了11名被中方俘虏的美国飞行员。

1955年9月17日，钱学森终于踏上了返回祖国的旅途，带着妻子和一双年幼的儿女，登上了克里夫兰总统号。

在克里夫兰总统号启航之前，无数围着钱学森先生的新闻记者，向他提了大量的问题。许多人至今记得钱学森即将离开美国时说过的一番话，他对记者和码头上的人群说：

> 我很高兴能回到自己的国家，我不打算再回美国，我已经被美国政府刻意地延误了我回祖国的时间，个中原因，建议你们去问美国当局。今后，我将竭尽努力，和中国人民一道建设自己的国家，使我的同胞能过上有尊严的幸福生活。

对于钱学森的回国，加州理工学院的院长布理奇教授，感到非常无奈和惋惜。他说了一句意味深长的话："钱回国绝不是去种苹果树的。"

第十二章
"导弹打飞机，一打一个准！"

　　我1955年回到祖国后，就在党的领导下，开创我国火箭导弹和航天事业。回想当年，党中央、毛主席下决心搞"两弹"，那真是了不起的决策。那个时候，我们的工业基础十分薄弱，连汽车都没造出来，竟决定搞最尖端的技术——导弹和原子弹，没有无产阶级革命家的伟大胸怀和气魄，谁敢做这样的决策？

　　　　——钱学森《一切成就归于党》

　　1955年10月8日上午，钱学森一家踏上了罗湖桥，对面海关小楼上，迎风飘扬着中华人民共和国国旗，广播里正在热情洋溢地播送欢迎他们胜利归来的贺词。迈过最后一个铁栅门，钱学森的双脚，终于实实在在地踏上了祖国的大地！

　　1955年11月25日刚一上班，钱学森一行便来到哈尔滨军事工程学院。为了亲自迎接钱学森，陈赓大将特地一大早乘专机飞来哈尔滨，他在欢迎辞中说："我们军事工程学院打开大门欢迎钱学森先生，对于钱先生来说我们没有什么密要保。那些严格的保密规定，无非是在美国人面前装蒜，不让他们知道我们的发展水平。"

　　陈赓大将讲的是实在话、老实话，当时哈军工里的武器装备，大都是从朝鲜战场上缴获来的美国货，对外保密的一个重要目的，就是在美国人面前"装装蒜"，让美国人摸不清我们的底牌。

　　钱学森先生晚年时，对他与陈赓大将的那次会面仍然记忆犹新，他说："陈赓大将跟我谈，谈着他就问我，中国人搞导弹行不行？我那个时候正憋着一肚子气呢，中国人怎么不行啊，所以就回答很干脆，我说外国人能搞的，难道中国人不能搞？中国人比他们矮一截？陈赓大将听了以后，非常高兴，说好极了！就要你这句话！"

中国是一个大国，一个再也不想任人宰割的大国，毫无疑问，中国必须研制导弹！1955年12月下旬，钱学森从东北回到北京，没过几天，就在陈赓的陪同下，会见了彭德怀。谈话是直截了当的，没有寒暄，没有客套。彭德怀说："我们不想打人家，但若人家打过来，我们也要有还手之力。"国防部长彭德怀元帅所讲的，正是钱学森内心深处想说的，他最大的理想就是为中华民族的繁荣昌盛、为人类的文明进步、为让更多的人过上有尊严的幸福生活而奋斗！而他深知，这一切的前提是和平，而和平是必须靠强大的国防捍卫的，必须让伟大祖国的国防军事、尖端武器装备，步入世界的先进行列！

可对于那时的中国来说，导弹似乎太遥远了，因为当时的中国，还生产不出一辆汽车，更没有一架国产的飞机。

在接下来的1956年春，在参与制定新中国第一个远大规划——《1956年至1967年科学技术发展远景规划纲要》（简称"12年科学规划"）时，钱学森便旗帜鲜明地指出："喷气和火箭技术是现代国防事业的两个主要方面：一方面是喷气式飞机；另一方面是导弹。没有这两种技术，就没有现代的航空，就没有现代的国防。建立了喷气和导弹技术，民用航空方面的科学技术也就不难解决了。"

钱学森非常清楚，他可以说是中国当时唯一见过导弹、研制过导弹的科学家，中国若是搞导弹，肯定要指定他担当最重要的技术负责人。在基础工业那样薄弱的中国搞导弹，不知要冒多大的风险，担多大的责任！可为了祖国的强大、繁荣、昌盛，钱学森根本不考虑个人的利益得失。他想的就是如何最大程度地为祖国和人民奉献自己的智慧和汗水，就像他在一封书信中所讲的那样："我们这帮人是找到了出路的，这就是中国知识分子的出路：为祖国的科学技术、文化事业无私奉献，直至最后。"

是重点发展导弹，还是重点发展飞机？争议巨大。

第一，中国工业的现状在那儿摆着，连汽车都生产不出来，能搞导弹吗？

第二，很多人根本就不知道导弹是什么东西，而飞机却是大家已经认识、熟知的。特别是刚经过严酷的朝鲜战争，那些在朝鲜战场上拼杀过的军人们，不止一次地目睹过美国飞机的疯狂肆虐，吃透了没有制空权的苦头，他们更有理由强调优先发展飞机。

第三，导弹在世界上的发达国家那里，也才是研制阶段，能够打到世界任何一个地方去的"洲际导弹"只是耳闻，所以导弹能否成为一项重要的国防技术、实用武器，相当一些人持怀疑的态度。

如何取舍，事关全局。

所担的干系，重如泰山。

面对这样的情势，一般人都望而却步。明哲保身的做法，就是不说出自己的观点，等上级定。钱学森却没有这样做，而是旗帜鲜明地说出自己的看法。钱学森在发言中提出，飞机的重要性自不待言，而导弹是一种新的有巨大威胁力的武器，其作用在二战末期已现端倪，希特勒德国就使用了V-1、V-2导弹。飞机与导弹各有优点，在战争中是相辅相成、缺一不可的。飞机的机动性好，但导弹的优点是速度快，这在战争中无论是从攻击或防御的角度看，都是一个重要的战术技术性能。另一方面他又从技术上指出，导弹虽然是一种新型武器，但攻克火箭导弹技术并不见得比飞机难，因为导弹是无人驾驶的一次性武器，而飞机则有人驾驶，且要求多次使用，这在发动机、结构、材料和飞行安全等问题上都有许多特殊的要求……所以导弹作为一种现代武器，应及早引起人们的重视，并列入重点项目予以突破。

没有导弹，有了原子弹也打不出去。

中国不仅要有近程导弹，还要有中程导弹、远程导弹，以及能打到世界任何一个地方去的洲际导弹！

只有这样的导弹与原子弹结合，才是真正具有战略性意义的、具有强大威慑力的尖端武器。"和平"是因为：1.由于人民的觉醒。2.由于战略核武器的出现和发展，核威慑而不能真打核战争。你有核武器，你就有"核威慑"；你有"核威慑"，别人就不敢使用核武器，就可以避免"真打核战争"！

许多年后，谈起当年的争论以及钱学森如何为大家讲解导弹、飞机各自的特点，中国科学院院士、当年任"12年科学规划"综合组秘书的何祚庥先生，依然绘声绘色、神采飞扬，可见当年钱学森先生的发言给他印象之深，他说："钱学森在会上发表的这个意见，我作为秘书敬陪末坐。他讲导弹的好处，导弹的速度快，导弹的马赫数可以到10到20，飞机的话呢，超音速飞机最多也就是2，而且超音速飞机还不是很成熟的，所以，导弹飞得快呀，导弹打飞机，一打一个准啊，飞机打导弹，门儿也没有！"

钱学森先生之所以将国外习称的"飞弹"称为"导弹"，就是因为它有制导系统；有制导系统，导弹就能精确地命中目标。关于这种能够打飞机的尖端武器，通俗地说，它就是不仅比飞机的飞行速度快几倍，而且还能追着飞机飞、撞上目标时才自己引爆的威力巨大的炸弹。

军队方面，钱学森先生亲自去为高级将领们作报告。由于他学识渊博、知识全面，对相关的技术问题烂熟于心，所以讲起课来深入浅出、驾轻就熟、形象生动，不但把问题讲得非常清楚，还极有感染力，让那些从战争年代走过来的文化不高的老将军们，也听得津津有味、兴致盎然，由此使他们对军事高科技、对尖端武器也产生了浓厚兴趣，有了更全面的正确认识。

优先发展导弹的战略确定了！

而领袖的决策，是建立在科学家的决心之上的。

神话传说中有"千里眼"，钱学森先生就仿佛具有一双科学的"千里眼"。

在我国制定第一个科学发展远景规划的1956年，除主张优先发展导弹技术外，在其他很多科学技术领域的规划中，钱学森先生都表现出他难能可贵的高瞻远瞩和远见卓识。如国防通信上的有线与无线之争，他主张大力发展无线通信；在电子计算机还仅限于少数发达国家拥有的当时，他力主一定要把计算机立项；他倡导开展自动化的技术科学研究，指出在将来，无论国民经济还是国防军事，都将走向自动化操作；原子能虽然不是他的专业，但他却能敏锐地预见到原子能将在未来的许多重要领域，包括国民经济中，得到广泛的开发和应用，同时他还指出研究原子能在飞机和潜艇

上应用的重要性……所有他当年建议列入国家科学发展规划
的，他呼吁要赶紧发展的，他预见的，都在日后一一得到了
验证。

第十三章
扬眉吐气做大事

毛主席要我们创新，我们做到了吗？

回想60年代，我国科学技术人员是按毛主席教导办的：

1.我国理论物理学家提出基本粒子的"层子"理论，它先于国外的"夸克"理论。

2.我国率先人工合成胰岛素。

3.我国成功地实现氢弹引爆的独特技术。

4.我国成功地解决了大推力液体燃料、氧化剂火箭发动机燃烧稳定问题。

5.其他。

但是今天呢？我国科学技术人员有重要创新吗？诸位比我知道得更多。我认为我们太迷信洋人了，胆子太小了！

我们这个小集体，如果不创新，我们将成为无能之辈！我们要敢干！

——钱学森书信《1995年1月2日致王寿云等六同志》

在这封信里，钱学森在回首我国科技工作者做出的卓越贡献时，没有具体谈到火箭、导弹、航天，只是在第四点提及"我国成功地解决了大推力液体燃料、氧化剂火箭发动机燃烧稳定问题"。而"大推力液体燃料"和"氧化剂火箭发动机燃烧稳定问题"都是决定火箭、导弹、载人航天飞行成败的关键。也就是说，在我国尖锐战略武器研制和航天工程所有关键之处，都凝聚着钱学森先生的智慧、心血和辛勤劳动。

1956年1月5日，中国科学院力学研究所成立，年仅45岁的钱学森被任命为首任所长。那时他回国还不满3个月。

这个新建的力学研究所，是钱学森先生反复思考、深思熟虑过的一个科研机构，它研究不限于传统力学，而是包括自动控制、工程经济、运筹学、物理力学等许多领域，涉及国民经济长远发展、国防战略整体布局的诸多环节，从钱学森为这个研究所制定的四个研究方向即可看出它的前瞻性、广泛性：弹性力学、塑性力学、空气和液体动力学、自动控制理论。其后，又根据同样的技术科学思想，增设了化学液体力学组、物理力学组、运筹学组、激波管组、等离子体动力学组。

钱学森将每个科研领域定为一个组，每个组有自己的攻坚任务，他在每个研究方向上予以具体指导。几十年中，中科院力学研究所为我国源源不断地培养、输送了高科技人才，其中包括后来成为中国载人航天事业领军人物的科学家。

就像在中国科学技术协会第四次全国代表大会上，时任中国科协主席的钱学森先生在工作报告《九十年代中国科技工作者的历史责任》中说的那样："新中国成立40多年来，在科学技术上取得了举世公认的成就。我们建成了门类比较齐全的科学技术研究体系，培养和造就了一支上千万人的富于创造才华、能够吃苦耐劳、具有献身精神的科学技术队伍，在若干科学技术领域，我们已经接近、达到，有的甚至领先世界先进水平。"

为国家科学研究奠定基础，培养人才，锻炼队伍，钱学森先生除了兢兢业业、卓有成效地做着这些工作，同时一直肩负着另一项重大使命，那就是：发展我国的导弹和航天事业。

外国人能干的，中国人就能干，而且要比他们干得更好！1956年2月，在周总理的鼓励和支持下，钱学森先生起草了《建立我国国防航空工业的意见书》，出于保密的需要，当时用"国防航空工业"来代表导弹、火箭、航天工程。那份意见书，便是日后我国火箭、导弹技术创建与发展最为重要的实施方案。

钱学森先生的《建立我国国防航空工业的意见书》，受到党中央的高度重视。1956年3月14日，周恩来总理亲自主持中央军委会议，研究决定由周恩来、聂荣臻、钱学森等筹备组建导弹航空科学研究的领导机构——航空工业委员会。不久，国务院任命聂荣臻元帅为航空工业委员会主任，钱学森为委员。

1956年10月8日，是钱学森先生归国一周年的日子。在这一天，党中央宣布成立国防部第五研究院，即事实上的火箭、导弹研究院。1957年2月18日，周恩来总理签署国务院命令，任命钱学森为国防部第五研究院院长。从此，在周恩来总理、聂荣臻元帅的直接领导下，钱学森开始了作为新中国火箭、导弹和航天事业技术领导人的长期经历。

当时，苏联出于和美国争斗的需要，努力争取中国，因此，中、苏关系尚好。1957年9月，钱学森随同聂荣臻元帅赴苏联访问，进行新技术援助的谈判。他对火箭导弹概况、液体火箭高能推进剂、固体火箭新型推进剂、各种大型试验设备等，都做了深入的了解。

1958年10月16日，钱学森加入中国共产党，成为一名中国共产党党员。

钱学森先生从来不迷信洋人，对独立自主发展我国的火箭导弹充满信心。1959年10月17日，在国防部五院的会议上，他提出："苏联的设计方案是1959年定案的，不是一成不变、万年都妥的方案，以后一定有改进的必要。我们应该解放一点儿思想，建一点儿'土'的设备是好的。我们应该"灵活地学习，而不是死板地学习。"

自行设计，自己研制，拿出中国人自己的导弹、火箭和尖端武器，一直是钱学森先生不懈追求的目标。

小事可以别人帮忙，大事必须靠自己！

很快，疾风苦雨便向刚刚起步的中国导弹、火箭事业吹打过来。1960年，中苏关系破裂，在华援建的苏联专家通通撤走。

在毛泽东主席、周恩来总理的亲切关怀下，在聂荣臻元帅的直接领导下，钱学森先生带领国防部第五研究院任新民、屠守锷、梁守磐、黄纬禄、庄逢甘、林爽、谢光选等一批优秀科学家，从此开始了独立自主研制我国尖端武器，发展我国航天事业的伟大征程！

那是极其艰难的岁月，也是钱学森和他的战友们豪情万丈的年代！多年以后，钱学森先生回忆说：

当时我们没有任何先进设备，火箭发动机的车间就设在一个工棚里。那些复杂精密的部件是靠金工师傅用手工一点一点加工出来的。科技人员和专家都下到车间，和工人师傅一起解决设计加工中的问题。在试验基地搞发射试验，一干就是一个多月，夜里有时就在板凳上打个盹儿。组织指挥这样的大型试验，通信手段就靠有线通信，为了保证通信线路畅通无阻，把全国的民兵都动员起来了，两个人看守一个电线杆，日夜值班。那真是千军万马，把全国人民都动员起来了，但组织调度又十分严密，层层负责，各司其职。就这样，我们的第一枚导弹在1960年就首次发射成功了，第一颗原子弹在1964

年就炸响了。这样的速度是空前的，是美国和苏联
都不曾有过的。

1960年11月5日，在甘肃酒泉基地，我国第一枚导弹的
成功发射，让钱学森感到非常欣慰！这是一次里程碑式的成
功，如同聂荣臻元帅在致辞中所说的那样："在祖国的地平线
上，飞起了我国自己制造的第一枚导弹，这是我国军事装备
史上一个重要的转折点！"

同样是第一枚导弹、火箭，从研制到发射成功，美国用
了7年多时间，苏联用了4年，而中国只用了两年多。

统筹兼顾、运筹思考，钱学森先生为祖国的国防军事和
航天事业呕心沥血、鞠躬尽瘁。他把多年在海外学得的知识
财富，毫无保留地奉献给自己的祖国和人民。无论外在环境
多么恶劣，无论客观因素多么不利，他从来不叫苦、不说难、
不讲条件，而是急国家所急、想国家所想，有条件要上，没
有条件创造条件也要上！在他那部著名的《工程控制论》专
著中，他曾阐述过一个独特的观点："通过工程控制协调的
方法，即使用不太可靠的元器件，也可以组成一个可靠的系
统。"这一观点后来成为我国导弹研制设计中总的指导思想。
钱学森先生的这一观点、这一指导思想，对刚刚从废墟上站

立起来没多久、一穷二白的中国来说，真是恰逢甘霖！他用科学的智慧，优化仅有的设备、条件、资源，既把科学事业做得又快又好，又不增加祖国和人民的负担。

1964年6月，钱学森同志作为发射场最高技术负责人，同现场总指挥张爱萍同志一起组织指挥了我国第一枚改进后的中近程地地导弹飞行试验。

1965年1月，钱学森同志任第七机械工业部副部长、党组成员，主持制定了《火箭技术八年（1965 — 1972）发展规划》，组织领导地地导弹、地空导弹、岸舰导弹和固体火箭发动机、固体燃料导弹、运载火箭以及卫星研制试验等任务。1966年10月，他作为技术总负责人，协助组织实施了我国首次导弹与原子弹"两弹结合"试验，把国防现代化建设向前推进了一大步。1968年2月，钱学森同志兼任新成立的中国空间技术研究院院长，在中央领导同志的支持下，他努力排除其他干扰，狠抓研究院机构组建、工作规划、基础设施建设和卫星研制质量，指导地面发射和跟踪测量系统建设。1970年4月，他牵头组织实施了我国第一颗人造地球卫星发射任务，成为新中国科技发展史上的一座重要里程碑。

1970年6月至1987年7月，钱学森同志先后担任国防科学技术委员会副主任、国防科工委科学技术委员会副主任。

他全身心投入国防科学技术领导工作，参与组织实施我国导弹航天技术领域重大型号研制和发射试验，并开始从更高层次思考其他领域诸多重大科学和技术问题，提出了许多创新、超前的思想。1971年3月，组织完成"实践一号"卫星发射试验，首次获得我国空间环境探测数据，为我国研制应用卫星、通信卫星积累了经验。1972年至1976年，钱学森同志参与组织领导了运载火箭和洲际导弹研制工作，提出了建立导弹航天测控网概念；领导设计制造了我国第一艘核动力潜艇；组织启动了远洋测量船基地建设工程；指挥成功发射了我国第一颗返回式卫星，使我国成为继美国、苏联之后第三个掌握卫星回收技术的国家。

进入改革开放新时期，钱学森同志先后于1980年5月、1982年10月、1984年4月参与组织领导了我国洲际导弹第一次全程飞行、潜艇水下发射导弹和地球静止轨道试验通信卫星发射任务，为实现我国国防尖端技术的新突破建立了卓越功勋。他潜心研究的工程控制论、系统工程理论，广泛应用于军事、农业、林业乃至社会经济各个领域的实践活动，在我国现代化建设中发挥了重要作用。他敏锐把握信息技术对人类社会发展的深远影响，积极倡导信息技术研究应用和信息产业发展，为推动军队信息化建设做出了重要贡献。

科学技术、国防军事、政治经济、美学哲学、农业、林业、海业、沙产业、草产业……都在钱学森先生的视野之中。晚年的他，依然每天阅读大量的报刊及专业性极强的国内外科技杂志，关心着祖国物质文明建设、精神文明建设、政治文明建设的方方面面，向国家的许多部门、决策机构提出自己的意见和建议。

1992年3月，钱学森在一封信中写道："教育事业如何适应社会主义建设的需要，成为一大问题。不久前巴金老就提出：教育的第一个任务是教做人。此言很深刻！"

一个是大文学家，一个是大科学家，1992年，时年88岁的巴金在上海说：教育的第一个任务是教做人。时年81岁的钱学森在北京击节称道：此言很深刻！

两位备受中国人民拥戴、广具世界声望的世纪老人，都把"做人"看得如此重要，这不只是他们积自己几十美丽人生经历的切身体验，更是他们对文明、进步核心因素所做的本质性提炼——人类所有美好的事物、美丽的风景，都是那些优秀的人、杰出的人创造出来和建设起来的。一个国家、一个民族的长盛不衰，同样靠的是那个国家、那个民族中千千万万优秀儿女。

头顶蓝天、脚踏大地，"人"这个象形汉字就这样，由中华民族的先祖极富智慧地创造出来！它的笔画极简单，意味却极深邃：一个真正的人，一定是一个在蓝天和大地之间立得住的人！

毛主席曾经说过，一个人做点儿好事并不难，难的是一辈子做好事。中国人把一个人走完自己的一生人们给予他的公正评价称之为"盖棺论定"。2009年11月6日，钱学森先生遗体告别仪式在北京八宝山举行，新华社向全世界广播党和国家对钱学森的高度评价：

> 他具有崇高的民族气节，对祖国和人民无限忠诚，始终把爱祖国、爱人民作为人生的最高境界，自觉把个人志向与民族振兴紧紧联系在一起，为祖国强盛和人民幸福鞠躬尽瘁、死而后已，不愧为爱国知识分子的杰出典范……
>
> 他始终站在世界科技前沿，以自己的远见卓识从战略上思考我国科学技术发展，特别是国防科技发展的重大问题，提出许多富于创造性、前瞻性的重要学术思想和有重大价值的建议，以渊博知识和超凡智慧解决了一系列关键技术难题，为我国

导弹航天事业发展做出了许多具有里程碑意义的贡献……

他坚持真理、科学求实，治学严谨、精益求精，不务虚名、不尚空谈，学术作风民主，善于团结同志，在我国科技界享有崇高威望……

钱学森同志的一生，是革命的一生，战斗的一生，学习的一生，是为国家富强、民族振兴不懈奋斗的一生，是全心全意为人民服务的一生……

本书引文来自下列书籍及资料：

《钱学森书信选》国防工业出版社2008年版；《中共党史人物传·第76卷》中国人民大学出版社2017年版；《"两弹一星"元勋传》宋健主编，清华大学出版社2001年版；《钱学森人生故事全集》苏建军编著，石油工业出版社2010版；钱学森《北京师大附中的六年》2007年12月3日，《光明日报》；钱学森《在授奖仪式上的讲话》1991年10月19日《人民日报》；2009年11月6日新华社《钱学森同志生平》；《少年儿童研究》2006年第3期；2010年2月17日人民网《秘书涂元季讲述钱学森何以成为科学大师》；2009年11月1日新华网《六年中学时光振兴中华压在心上——北师大附中校长缅怀校友钱老》；2007年11月5日中央电视台《中国导弹之父——钱学森》。

阅读反馈

尊敬的读者：

感谢您购买中国和平出版社的图书！我们的工作离不开您的支持。您看完本书后有哪些感受？请您讲一讲，并写在下面。

您对本书的总体感觉：

_____

_____

_____

_____

_____

_____

_____

学　　校：

班　　级：

姓　　名：

指导教师：